paisagem brasileira

Lya Luft

paisagem brasileira
dor e amor pelo meu país

1ª edição

EDITORA RECORD
RIO DE JANEIRO • SÃO PAULO
2015

CIP-BRASIL. CATALOGAÇÃO NA FONTE
SINDICATO NACIONAL DOS EDITORES DE LIVROS, RJ

L975p Luft, Lya, 1938-
       Paisagem brasileira - Dor e amor pelo meu país / Lya Luft.
       – 1ª ed. – Rio de Janeiro: Record, 2015.

       ISBN 978-85-01-10473-1

       1. Economia - Brasil. 2. Desenvolvimento econômico – Brasil.
       3. Brasil – Política e governo. I. Título.

                                    CDD: 330.981
15-24989   CDU: 338.1(81)

Copyright © Lya Luft, 2015

Texto revisado segundo o novo Acordo Ortográfico da Língua Portuguesa.

Todos os direitos reservados. Proibida a reprodução, armazenamento ou transmissão de partes deste livro, através de quaisquer meios, sem prévia autorização por escrito.

Direitos exclusivos desta edição reservados pela
EDITORA RECORD LTDA.
Rua Argentina, 171 – Rio de Janeiro, RJ- 20921-380 – Tel.: 2585-2000.

Impresso no Brasil

ISBN 978-85-01-10473-1

Seja um leitor preferencial Record.
Cadastre-se e receba informações sobre nossos
lançamentos e nossas promoções.

EDITORA AFILIADA

Atendimento e venda direta ao leitor:
mdireto@record.com.br ou (21) 2585-2002.

Dedico este livro a meus filhos
Susana, André, Eduardo,
que pensam o Brasil comigo
— e, como sempre, a Vicente,
com quem aprendo a pensar melhor.

Apresentação

1 | *Amor e dor*

2 | *Os fundamentos*

3 | *A paisagem*

4 | *Sem ilusões*

Apresentação

Que dramático, difícil momento para escrever um livro sobre o Brasil, mesmo sendo o comentário despretensioso de uma brasileira que não é perita no assunto, não fará pesquisas nem apresentará relatórios: cronista, não estudiosa.

Quero que seja um texto simples, partilhado com meu leitor num jeito coloquial, como nos meus outros livros de não ficção. Mas nada é simples: o olhar se perde nessa paisagem confusa e instável, ora agitada ora estagnada, nessa viagem sem comando firme, cheia de contradições e com destino incerto.

Será uma crônica alongada, um olhar sobre o que nos acontece, assim como eu o observo e sinto — com amor e dor.

Eu a chamarei "uma crônica do espanto".

Gramado, O Bosque, 2015.

1 | *Amor e dor*

Tento encontrar as palavras certas ou mais expressivas neste texto nada fácil — porque as condições do país mudam de tal modo e tão depressa que, mesmo sem me ater a estatísticas e pesquisas, a cada dia poderia mudar algumas páginas ou parágrafos. Chegaremos ao final, meu leitor e eu, provavelmente abertos a novos choques de realidade: que alguns sejam positivos.

E que eu tenha encontrado as melhores frases neste nebuloso momento.

Palavras me fascinavam antes mesmo de eu aprender a ler. Algumas eram caramelos deliciosos desmanchando na minha boca, ou pedrinhas coloridas para jogar. Quando consegui ler, gostava de andar diante das prateleiras de livros na biblioteca de meu pai, lendo em voz alta os títulos nas lombadas, às vezes entortando a cabeça para decifrar os que ficavam na vertical.

Um deles se gravou na minha memória para sempre: *Grande e estranho é o mundo.*

Nunca li o livro, acho que nem o peguei, mas compreendi, sim, e sabia sem racionalizar que o mundo era vasto e nele havia coisas estranhas. Aos poucos, crescendo, desenvolvi um desejo de ter ou descobrir qual seria o meu lugar no mundo.

paisagem brasileira | 13

De uma coisa eu tinha certeza: minha casa, com minha família, talvez minha cidadezinha, eram o que hoje chamamos minha "zona de conforto". Mais tarde acrescentou-se a consciência de morar num país chamado Brasil — outro lugar meu no mundo, maior e misterioso.

O que nos faz amar um país e sentir, saber, que é nossa pátria, nossa casa maior — mesmo quando parece tão estranho quanto agora, ou especialmente neste momento em que, por aflição, começamos a refletir sobre ele? O que faz com que, nesse sentimento chamado patriotismo, se alternem orgulho e alegria, preocupação e dor? Como sentimos, como vivenciamos tudo isso, nós, os cidadãos comuns? Que muitas vezes quase não temos escolaridade, mal sabemos, ou não sabemos, ler e escrever, mas fazemos parte desta imensa nau em sua viagem, em busca de bem-estar crescente. Esta terra, com suas gentes e jeitos, falas e sotaques, comidas e modos de construir casas, de conviver, de se vestir, de pensar a vida e o mundo, está entranhada em nossa alma como um perfume que entra na nossa pele se usado com frequência. O país, a pátria são incutidos em nós dia e noite, por todos os anos de nossas vidas, e passam a ser nós, ou nós somos eles — e assim nos afirmamos como brasileiros.

Pois a cada dia, ainda que inconscientemente, decidimos: eu sou brasileiro, ou americano, ou alemão, ou africano, não importa. Cada manhã, ao acordar, vestimos de novo essa pele. Então, não há como não vibrar ou sofrer com o que acontece: pois tudo acontece a cada um de nós, ainda que a imensa maioria não se dê conta disso, na luta permanente por uma sobrevivência rala que seja. Dependemos desta

14 | *lya luft*

terra, e, em geral, dependemos demais daqueles em quem votamos imaginando que seriam nossos representantes, quando tantos nos traíram.

●

Estamos embarcados numa grande nau, num mar incerto, assustados e inseguros. Passamos por períodos de aparente bonança, ventos favoráveis, tripulação otimista, iludidos com palavras grandiosas, convocados a consumir, consumir, como se consumo fosse crescimento. Inadimplentes, desempregados, onerados de angústias, agora procuramos no convés algum horizonte escondido.

O mundo irreal com que nos iludiam e conquistavam está se desmantelando. Cai um pedaço de telhado aqui, um muro ali, paredes vão rachando, abrem-se crateras no pátio, os quartos se confundem, e pior: os habitantes usam máscaras de monstros, de bichos, palhaços malignos. A queda dramática no consumo e o aumento assustador da inflação e do desemprego desenham um quadro perverso.

Revelações quase diárias de corrupção em lugares impensáveis nos assaltam e nos fazem imaginar, receosos, o que mais pode surgir do véu de falso bem-estar em que vivíamos. Evidências de que o país foi mal gerido, malcuidado, se empilham em uma montanha assustadora, e uma dívida impagável pesa sobre nossos ombros, nós, que não a contraímos.

A realidade que se desnuda é desconcertante. Queríamos continuar não vendo, como crianças que brincam de faz de conta. Faz de conta que você é um general, que eu sou uma princesa, que o cachorrinho é um unicórnio...

paisagem brasileira

O real estava tão disfarçado que não o podíamos enxergar; ou era tão preocupante que nem o queríamos ver.

Porém, é preciso olhar. Este país maltratado é nosso, nós somos seus donos — cada um de nós. Sendo uma democracia, somos todos responsáveis, embora sem altos postos, cargos de comando nem funções na política. "O que temos aí não queremos mais", começam a dizer e clamar por toda parte.

Mas os que ocupam os mais altos cargos ainda querem nos seduzir com um otimismo perverso, ou devaneios nada bons: "Estamos endividados. Não há mais dinheiro em caixa. Por favor, senhores brasileiros, sejam patriotas e compreensivos, e... paguem a conta."

Os postos mais importantes foram dados a pessoas de um mesmo partido, que se perpetua, certo de ser favorecido em todas as instâncias. Porém, aos poucos, com o choque da realidade, isso começa a mudar. Começa a aparecer, implacável, a verdade. Numa democracia, entre pessoas honradas, todos merecem conhecê-la, todos merecem — começo a detestar este termo agora eleito pelas autoridades: "transparência". *Verdade* é mesmo a palavra certa, e já é bastante dura de assumir, agora que se mostra — porque não há mais como esconder inteiramente.

Crédulos e desinformados, ou seguindo ideias anacrônicas, nós é que colocamos em seus postos aqueles que ainda agora a tentam encobrir.

•

Toda essa retórica revela a preocupação e, em parte, o cansaço que me assediam ante os vergonhosos fatos que estamos conhecendo, ofendida a ética, equivocada a política, descontroladas as contas públicas, a corrupção e a impunidade desviando fortunas impensáveis que, decentemente aplicadas, nos deixariam entre os países mais avançados. Assim, estamos quase no final da fila na maioria dos quesitos: essa realidade nos é apresentada diariamente nos noticiosos da televisão e nos jornais impressos.

Notícias espantosas são servidas na nossa mesa do café matinal e nos inquietam antes do sono da noite. São tantos os problemas, às vezes tragédias, e tão distantes no horizonte as soluções ou melhorias, que corremos o perigo de nos habituarmos aos dramas destes tempos sombrios, repetindo com os mais resignados: "É assim, o que fazer? O Brasil não tem jeito. Deus quer assim."

Que mundo é este? — nos perguntamos.

Ou: o que está acontecendo no meu país?

Ou: como não vimos nada, como não percebemos?

Ou ainda: o que fizeram conosco?

Não é hora de dar de ombros, mas de encarar os fatos até onde os podemos discernir: isso, o que aparece, pode ser apenas o pedaço de um iceberg bem mais trágico do que nos querem fazer pensar nesse teatro de ilusões com que há vários anos estamos sendo distraídos.

Buscando significados

Sempre que posso, procuro encontrar algum significado para as coisas, e me desgostam falso otimismo, mentiras, mudar de assunto, mostrar sorrisos e palavras fantasiosas quando se trata de questões fundamentais.

paisagem brasileira | 17

Me assustam as metáforas ou os discursos que procuram embelezar a situação do país, que vem sendo solapado, desestabilizada a economia, fortunas incalculáveis para o homem comum desviadas, que deveriam servir a nós, à nação, ao povo mais carente, que é a maior vítima desse desastre. Tão necessitado e tantas coisas essenciais que lhe têm sido negadas, que é deprimente constatar, e trabalhoso demais calcular e relatar.

Por cima de tudo isso, o nevoento território da política, teatro de pequenas lealdades e grandes ou dissimuladas traições: pouco sobra para o brasileiro comum, que desejaria saber o que, afinal, se passa, que atinge nosso bolso, nossa qualidade de vida e a medida da nossa confiança.

A política influenciou e dominou nossa existência nos últimos anos, com equívocos na gestão, desorganização nas contas públicas, maquiagem do desastre ocultado a um povo mal informado porque mal escolarizado (não é por acaso que a educação tem sido tão relegada por aqui). A pátria mãe assume ares de madrasta, nós, os filhos largados na floresta, como num conto de fadas sinistro.

Os próprios investigadores das gigantescas fraudes se espantam e admitem estar "em águas nunca antes navegadas", tal a dimensão das tramas, dos truques e das corrupções.

Minado o conceito de autoridade, a indiferença e a desonestidade são um vírus que, insidioso, se espalha por todos os níveis e indivíduos do país, abalada a confiança em que se baseia uma política séria. Várias figuras de destaque estão envolvidas em graves "malfeitos", na verdade crimes rebatizados, algumas diretamente ativas, outras protestando com veemência que de nada sabiam, o que quer dizer que eram incompetentes ou omissas — nos dois casos, cúmplices. Não saber de nada, não ter visto nada, passou a ser um refrão de quase todos os investigados.

lya luft

Personalidades que admirávamos não são mais aquelas, nunca soubemos quem eram; a paisagem é um deserto calcinado, bilhões agora são padrão, milhões parecem ninharia, e os miseráveis milhares que ganhamos honradamente para manter uma vida respeitável são poeirinha na terra.

Conhecidos empresários já com boa idade e experiência admitem, com inesperada franqueza (alguns com visível constrangimento), que, se não entrassem no esquema de corrupção, se não pagassem as irreais propinas a grandes empresas e a partidos políticos (ou políticos individualmente), suas companhias teriam ficado "de fora" da roda dos mafiosos: simplesmente, saíam perdendo seus acionistas e trabalhadores.

Só isso — pois há muito mais — abre uma zona de desconforto para o país. "Todos faziam", dizem os investigados, "a gente acabava tendo de participar" — e falam como meninos de colégio que se desculpam com a professora: "Ué, todo mundo faz..."

Não há desculpa perante a nação ferida.

•

A quebra de confiança é uma perda moral. Agiganta-se, e nos inquieta a questão: em quem confiar? Por que confiamos tanto, como não enxergamos nada, como permitimos, como permitiram isso? Como não percebíamos nada, e, aos que pretendiam denunciar, subornavam ou mandavam se calar para não estragar a festança?

Um governo debilitado vive à custa de um mercado efervescente de trocas e favores, que já nem procura se disfarçar; partidos em estranha simbiose passam membros de um lado para outro, alianças bizarras que logo poderão se desfazer, tudo com a naturalidade de quem se julgava inatingível.

paisagem brasileira 19

Transformaram o Brasil numa casa de pesadelo onde as portas abrem para o lado errado, móveis deslizam pelos aposentos, janelas não se abrem ou se escancaram sobre feios pátios cheios de entulho... Caminhos sombrios, altos muros escondendo vergonhas.

Enquanto isso, nós, as pessoas comuns, precisamos preservar nosso cotidiano, manter a dignidade e a família (e o emprego...), crescer na vida e no trabalho, ser decentes, produtivos, bons, e ainda dar algum espaço para a esperança.

Sendo uma democracia, precisamos também exercer o direito de manifestar nossa voz: de maneira ordenada e firme, sem violência, contrariando o espetáculo dessa ópera-bufa que se desenrola nos grandes palcos da política, da economia, da nossa realidade — em cujo elenco personagens confiáveis são exceção.

Democracia é muito mais do que definem os dicionários e nos indicam as pesquisas. É difícil, é sofrida, é conquistada e conservada por muitas nações a duras penas: é cada indivíduo ser bem informado, consciente e saudavelmente participante da existência de seu país, capaz disso por ter boas condições de vida. É saber escolher bem a cada eleição, ciente de que seu voto é, sim, muito precioso — é sua verdadeira arma.

E não teremos mais vozes que, aqui e ali, murmuram ou começam a falar alto: "Às vezes eu tenho vergonha de ser brasileiro."

Ser brasileiro

Que Brasil é este de agora, que mal reconhecemos e nos dá medo?

"Ninguém mais entende o Brasil", dizem nas ruas, nas casas, nas praças, nos escritórios e nas oficinas.

"Será que o Brasil ainda tem jeito?", nos perguntamos.

Alguém responde, ironizando: "Esse é o jeito do Brasil."

Não gostei da resposta: não quero acreditar nela. E não é hora de ironias.

Não sabemos muito do Brasil, exceto o que está nos livros de história, muitas vezes malfeitos ou adaptados a alguma ideologia.

Por educação insuficiente e ruim, raramente pensamos no que significa nascer e viver num país, como ele funciona, quais nossos direitos e deveres enquanto brasileiros. Nem sabemos o que é ser brasileiro.

Pergunta que se faz — ou que se deveria fazer — para crianças de escola: o que é ser brasileiro?

Em princípio, ter nascido aqui ou ter-se naturalizado brasileiro.

Mas pode ser bem mais que isso. Por exemplo, refletir sobre o país de vez em quando. Observar. Informar-se, conversando com amigos, colegas, familiares, lendo o jornal (ainda que seja aquele esquecido num banco de ônibus, metrô ou de praça). Assistir a noticiosos neste país em que a quantidade de televisões nas residências é grande, tendo em vista o número de moradores de zonas quase inacessíveis.

Em resumo, nos apossarmos do que já é nosso e agirmos como tal, não como crianças que brincam num pátio na hora do recreio e esperam que a professora ou a mãe lhes tenha preparado a merenda. É nos sentirmos parte da nação, mais conscientes disso do que só em jogos de futebol contra equipes estrangeiras, ou em algum momento da Semana da Pátria, quando nossas crianças nos mostram que aprenderam o Hino Nacional e até nos emocionamos — para logo esquecermos.

paisagem brasileira

Não se pode construir um país como se nem fosse nosso, como quem dá de ombros e vai para a balada ou o trabalho, pensando nas más notícias que se espalham: "E daí? Não é comigo, é com as autoridades."

Começa aí o nosso maior engano. Pois líderes e políticos, ministros e secretários, e todos os que agem na máquina pública, são *servidores* do país, servidores do povo, pagos seus altíssimos salários com nossos impostos, coisa que raramente lembramos, resquícios de um Estado paternalista e de um povo que se deixava manipular — agora, olhos mais abertos, isso talvez seja mais difícil.

•

Como, quando passei a me saber e me sentir brasileira?

Pode parecer uma historinha tola, mas, para mim, foi essencial. Ela me valida — entre outras coisas — como observadora e, aqui, cronista da paisagem brasileira.

Eu era uma menininha de dez anos, em uma cidade que me parecia encantada como as de contos de fadas. Rodeada de morros azuis, ruas largas muito arborizadas, dois colégios, dois hospitais, duas igrejas e — começava a me dar conta — duas gentes.

Éramos divididos entre os descendentes de imigrantes de várias nacionalidades, como tantas grandes ou pequenas cidades brasileiras, ou campo, ou regiões as mais remotas. A cidade bucólica se transformou numa bela cidade universitária, onde não moro há muito tempo, mas onde estão minhas melhores raízes.

Lembro bem o dia em que me dei conta de pertencer a este país: era um Sete de Setembro, então celebrado com entusiasmo por nós, colegiais entre infância e adolescência. Queria ser porta-bandeira no desfile da escola, mas, por alguma razão, nunca fui a escolhida. Uma de minhas colegas, na crueldade própria das crianças, me disse que eu não merecia, pois "nem era brasileira".

Reagi como se tivessem me ferido fisicamente: "Mas eu nasci aqui, meus pais nasceram aqui, toda a minha família, então sou brasileira, sim!"

Não lembro se discutimos, se chorei, se brigamos, mas me lembro dela se afastando com um dar de ombros e um sorrisinho de pena.

Fui para casa, como sempre, indagar de meu pai, que riu e disse que era bobagem, preconceito, e a isso não se devia dar importância, coisa de ignorantes. Pois nossos antepassados tinham vindo ao Brasil havia mais de um século, nos começos de 1800, chamados pelo imperador de então. Entre grandes trabalhos e dificuldades sem conta, haviam ajudado a construir o Brasil, sobretudo aquela parte onde vivíamos, que lhes fora entregue para que a colonizassem, defendessem e fizessem progredir. Enfrentaram clima desconhecido, doenças e animais selvagens, além de índios muitas vezes hostis com tão estranhos invasores. Foram pioneiros heroicos, mas sobreviveram e se adaptaram, mais facilmente os de origem latina, pela própria semelhança da língua, mais dificilmente alemães e poloneses, pela mesma razão invertida.

Portanto, continuou explicando meu pai, éramos tão brasileiros quanto os portugueses, que aqui vieram para explorar ou colonizar, e quanto os negros, que tinham chegado aqui em condições ainda piores, acorrentados e brutalmente maltratados, em navios negreiros, comercializados como gado, despidos

paisagem brasileira | 23

da sua humanidade. (Não considero muito correto dizer que os únicos brasileiros são os índios, mas também não vou discutir a questão.)

Todos tínhamos vindo de outros continentes. Então, sou tão brasileira quanto qualquer descendente de africanos que vende acarajé nas ruas de Salvador. Ninguém me elogia se diz que sou "mais europeia do que brasileira": ao contrário. Assim como não me elogia quem diz que sou mulher, mas escrevo "com mão de homem". Não queiram roubar a minha identidade.

•

Voltando ao episódio escolar, no dia seguinte comentei com minha colega a explicação de meu pai. Não lembro o resultado, possivelmente aquelas picuinhas de meninas, que botavam a língua uma para a outra nos cantos do pátio na hora do recreio. Mas nunca perdi essa sensação altiva de ser brasileira e o crescente amor pelo meu país, além de algumas silenciosas lições, que recebia desde bem pequena, de que cor de pele e formato de olhos não nos tornam diferentes na essência nem impedem a difícil fraternidade humana.

O problema não eram esses detalhes, explicava meu pai, mas o coração de cada um, seus sentimentos e ideias: alguns as tinham mais certinhas, outros, mais tortas. E que conviver, seja como for, a despeito de preconceitos, na família, na comunidade, no mundo, é também aprender a superá-los: alguns nascem de lugares muito arcaicos da nossa mente, outros são culturais, alguns ainda familiares.

Com o passar do tempo, antes que tudo se desconsertasse como agora, fui entendendo mais do Brasil, fui vivendo ou observando mudanças e conflitos, justiças e injustiças, esperança, sonho e decepções, a loucura da ganância de poder, a vereda escura das ideologias, tudo exacerbado pelo fato de que nós, humanos, somos animais predadores, cobertos pela leve camada de civilidade, ou cultura, que tão facilmente se rompe.

O amor idealizado dos primeiros anos foi invadido pela consciência de realidades bem distantes do imaginário adolescente e infantil. Sonhadores e idealistas, trabalhadores intelectuais e braçais, técnicos e agricultores, garis e professores construindo o país, e tantos — sobretudo os poderosos — o desconstruindo.

Sofremos muitas crises políticas e econômicas, fomos estimulados e seduzidos, enganados e explorados, crescemos, nos aproximamos do grande mundo, e fomos conquistando ali nosso espaço. Ficamos mais lúcidos e começamos a ver que, em quase todas as pesquisas respeitáveis, hoje estamos entre os últimos em tudo: economia, educação, segurança, ética. A pátria, que teve suas bases solapadas enquanto responsáveis "não viam nada, não sabiam de nada", ou agiam com incompetência, a pátria se debate.

E é sobre isso que estou procurando falar. Alguém, brincando, disse que este livro devia se chamar *Perdas & Perdas*, aludindo a uma obra minha de anos atrás, *Perdas & Ganhos*, sobre situações da vida humana.

Mas ainda prefiro achar que, em algum momento da nossa história, nossos ganhos enquanto brasileiros voltarão a crescer.

paisagem brasileira | 25

2 | *Os fundamentos*

A educação

Este será o capítulo mais longo deste livrinho, pois sobre a educação eu falo e escrevo desde que posso me lembrar: é um de meus temas recorrentes. Junto com a democracia, ela sustenta uma nação.

Se formos um povo escolarizado, portanto informado, nossa atitude perante o Brasil e nós mesmos será diferente. Porém, uma quantidade imensa de brasileiros continua fora desse esquema: regiões sem moradia decente, sem saneamento básico, sem conforto, sem horizonte — sem escola.

Mas todos são brasileiros, todos podem votar. Portanto, em tese, também seriam responsáveis pelo que ocorre. Acontece que um povo sem boa educação para todos não tem disposição de refletir, de questionar, de exigir: tende a ser um povo escravo — frase radical, mas real. Só quem sabe ao menos o essencial pode ser dono de si mesmo e comandar suas ações. Será mais difícil de enganar. Ainda é utopia em boa parte deste país, mas utopias são necessárias para seguir em frente.

•

A educação sempre fez parte de minha vida. Sou de uma família de professores universitários.

paisagem brasileira | 29

Exerci o duro ofício em uma faculdade durante dez anos, nos quais me apaixonei por lidar com alunos, mas já questionava o nível de exigência que podia lhes fazer. Isso faz algumas décadas: quando éramos ingênuos e não prevíamos um dia ter nosso país entre os piores em educação. Quando os alunos ainda não usavam celular e iPhone na sala de aula, não conversavam como se estivessem no bar, nem copiavam seus trabalhos da internet — o que hoje começa a ser considerado normal.

Porém, recentemente, relatórios de respeitadas organizações globais mostram o Brasil em uma vergonhosa posição no ranking de desenvolvimento econômico e educacional — esse, o que mais me interessa aqui. (Quando este livro for publicado, certamente teremos despencado um pouco ou um bocado mais.) Estamos atrás dos países mais pobres da América Latina, como Paraguai, Equador e Bolívia. Ganhamos, no mundo, apenas de Gana, do Marrocos e de uns poucos mais.

A quantidade de crianças sem escola entre nós é vexaminosa, principalmente — mas não só — nas regiões mais pobres. O número de jovens que deixa os estudos precocemente é desanimador. A repetência média na América Latina e no Caribe é de pouco mais de 4%. No Brasil, é de quase 19%. (Quanto ao resto do mundo mais avançado, melhor não querer saber.) Basta olhar ao nosso redor, aqui mesmo, vendo escolas abandonadas, faculdades fechando, pátios e corredores atolados de lixo, banheiros que não funcionam, professores desanimados eternamente em greves mais do que justas e raramente atendidas: os interesses são outros, ou o dinheiro já escoou para outro lugar.

As fortunas desviadas por corrupção, falta de planejamento e má administração — que teriam evitado tudo isso — dariam para construir milhares de escolas e creches, milhares de postos

30 | *lya luft*

de saúde e hospitais, milhões de casas decentes para brasileiros que ainda vivem em invasões, quilômetros de estradas transitáveis, milhões de pessoas de verdade tiradas da miséria — digo "de verdade" porque não seria decretando que quem ganha pouco mais de 350 reais ao mês é classe média.

Não é preciso pesquisar para saber que milhões de crianças brasileiras brincam na lama do esgoto diante de seu barraco ou choupana, famílias são soterradas por deslizamentos ou inundações previsíveis e repetidos em casas cuja segurança ninguém controla, e nossos jovens são assassinados na calçada, em favelas ou em condomínios de luxo: somos reféns da bandidagem geral. Toda a tragédia que poderia ter sido evitada é única, ainda que atinja um brasileiro apenas.

Está evidente que o desemprego formal assume números nunca vistos, e não é difícil imaginar os que perdem seus empregos informais, e os milhares, milhões de famílias atingidas. Os noticiosos têm sido comedidos ao revelar a extensão dessas e outras grandes ou pequenas tragédias, mas dados recentes do IBGE, que calcula mensalmente o desemprego entre jovens de dezoito a vinte e quatro anos, nos dão cerca de 16% de desempregados nessa faixa de idade, cifra altíssima, que não para de aumentar.

Voltando à questão educacional: quanto de nosso orçamento nacional vai para educação e cultura? Exatamente nestes dias, ambas sofreram o maior corte do orçamento. Quanto interesse temos num povo educado, isto é, consciente e informado — não só de seus deveres e direitos, mas dos deveres dos homens públicos que tão mal andamos escolhendo, porque não sabíamos direito quem eram, nem o valor de cada um de nossos votos?

paisagem brasileira

(De momento, esses figurões se empenham numa queda de braço para ver quem é o mais esperto, o mais impune: suas linguagem e postura usam golpes bem abaixo do peito.)

Deveria ser habitual que crianças soubessem ler e escrever no fim da primeira série elementar; deveria ser normal que jovens conseguissem raciocinar e tivessem hábito de ler pelo menos jornal no segundo grau; da mesma forma, deveria ser óbvio que universitários pudessem se expressar falando e escrevendo, em lugar de, às vezes com beneplácito dos professores, copiar trabalhos da internet.

Precisamos de educação para todos, lema tão difundido e pouco realizado. A pátria educadora se mostra uma pátria traidora.

Apesar da redução do nível de exigência intelectual, o acesso à universidade tem sido cada vez mais complicado: mau planejamento, confusões constantes nas provas do Enem (acaba de subir em 80% o valor da sua inscrição), ensino médio fraco e falta de bolsas de estudo para os que têm notas melhores, mas precisam de ajuda econômica. É quando as bolsas são eficientes e legítimas, mais que isso, essenciais para que todos tenham oportunidade — desde que, para isso, se esforcem.

Ensino superior é para os esforçados e os capazes — nem todos são assim, mas para todos há que haver as mais variadas oportunidades de crescer, trabalhar e afirmar-se. Estímulo e oportunidade — não esmola, não favorecimento, rotulando esses candidatos como inferiores ou incapazes — promovem as pessoas. Mas o Estado precisa lhes oferecer as condições.

Além da precariedade do Enem, cujas provas ano após ano se mostraram cheias de falhas, vemos agora a dolorosa e inglória luta de alunos com o Fies, que deveria custear, com dinheiro

lya luft

dos nossos impostos, bolsas para os que precisam — são a imensa maioria, uma vez que aqui o ensino particular é extremamente dispendioso. Mas, para milhares, foi impossível se inscrever ou reinscrever: o site não funcionava, ou apresentava mais exigências. Finalmente o governo admitiu: foi suspensa a inscrição — faltou dinheiro.

Muitos alunos pagaram meses de faculdade com empréstimos pessoais. Quem vai atender suas aflições? Quem dará a eles e a todos, desde crianças, em lugar desta terra madrasta, uma pátria mãe de todos — que os prepare para serem adultos conscientes e capazes, e não desanimados porque decepcionados? Da mesma forma, notícia atual é que cursos do tão alardeado Pronatec, diplomas profissionalizantes para alunos de Ensino Médio, altamente louváveis, aliás, estão sem receber pagamento do governo federal há meses. Assim, incontáveis estudantes desistem do curso. As escolas não conseguem sustentar o que é responsabilidade do MEC, e mais um projeto anunciado e iniciado em tempos de eleições, que poderia ser muito positivo, entra pelo ralo. Jovens decepcionados, desocupados, abandonados.

Rua, violência, adição são os refúgios dos que não conseguem divisar um futuro, são o pátio do desalento, com drogas vendidas a preço módico e vidas que se arruínam a passo galopante.

•

O nível dos profissionais que saem das faculdades é cada vez mais baixo.

Só com exigência e rigor razoáveis das escolas — o que significa respeito ao estudante, à família e ao professor —

paisagem brasileira

teremos profissionais de primeira em todas as áreas, de técnicos, pesquisadores, jornalistas e médicos a operários. Por que nos contentaríamos com o pior, o medíocre, se podemos ter o melhor e não nos falta o recurso humano para isso? Quando empregarmos em educação uma boa parte dos nossos recursos, tendo com isso boas instalações e bibliotecas, laboratórios e áreas de esporte, com alunos vendo que ações têm consequências positivas, como a aprovação, e negativas, como a reprovação — palavra que assusta alguns moderníssimos pedagogos —, certamente teremos uma melhoria considerável na qualidade de ensino.

Mas, de momento, tantos são os favores que permitem ao aluno ser indiferente ou preguiçoso que, em alguns casos, chega a ser bizarro: reprovação, só com muito esforço. Trabalho ou relaxamento têm o mesmo valor e recompensa. Em lugar de cultivar excelência, estão desinteressados dela, e eliminou-se qualquer severidade. Recentemente, alunos destruíram partes de uma escola porque a diretora era rigorosa demais: queria respeito, ordem — minimamente, aliás. Em resposta, a depredação da escola, aos gritos de "Quebra! Quebra!", tudo gravado por uma câmera da segurança, e também pelos celulares dos próprios vândalos, orgulhosos de seus atos.

Não são raros relatos e até vídeos de professores e professoras agredidos por alunos, insultados por seus pais, atemorizados e forçados a deixar a profissão para se proteger.

Mas sobre exigências e rigor falo mais adiante. Agora abordarei falsas bondades com que tratamos nossos alunos.

34 | *lya luft*

Perversas bondades

Aqui para muitos estarei infringindo o "politicamente correto": faço isso com prazer, pois não acredito nele, máscara de fariseus e moralistas arrogantes.

Muitas bondades dirigidas a pobres ou estudantes, excessiva condescendência e retirada de regras ou exigências nascem do preconceito: fazemos isso porque os consideramos incapazes (ainda que isso não seja admitido, é evidente). O preconceito, como a violência, nasce conosco, liga-se ao medo do diferente, que, por sua vez, está no nosso DNA: em tempos arcaicos, ele nos protegia, nos fazia identificar amigo e inimigo, colaborador ou predador. Em algumas coisas, ainda nos ajuda; em outras, nos leva a enganos, que nos fazem temer ou desprezar uns e outros.

Eu só ajudo a quem penso ou vejo que está em dificuldade. Facilmente isso resvala para piedade ou desejo de exploração: em lugar de contribuir para que o outro progrida e se desembarace por si, uso de sua fraqueza em meu benefício, limito seu desenvolvimento, tratando-o, quem sabe sem querer, como inferior: o preconceito turva a razão.

Assim, "bondades" dirigidas a alguma minoria, seja de gênero, raça, condição econômica ou social, se baseiam na ideia de que estão em desvantagem, de que precisam de destaque especial porque são incapazes e dependem desse nefasto empurrão.

O politicamente correto não admite diferenças: quer nivelar por baixo dando aos favorecidos esse atestado de incompetência. Cria-se a noção falseada de que existem os privilegiados pela cor e pela origem ou pela condição econômica, e os "explorados", que são de outra raça ou pobres, conceito que favorece alguma ideologia — mas não corresponde à realidade.

paisagem brasileira

Deem-se a todos oportunidades iguais e todos haverão de se sair conforme sua possibilidade natural e sua capacidade de esforço. Há, por natureza, os mais inteligentes e os menos brilhantes, os mais entusiasmados e os mais deprimidos; temos os mais interessados e os mais alienados; e assim por diante. Não se podem esquecer as variações étnicas e culturais entre todas as raças, com incontáveis nuances; as distinções sociais entre miseráveis, pobres e ricos, e todas as gradações de remediados — entre os quais, em geral, estamos.

Quando respeitadas, as variações enriquecem a humanidade e a convivência dos indivíduos em seus grupos ou grupos entre si. Ignorá-las, sobretudo para "agradar" e conquistar para seu curral (particularmente em época de eleições), apenas acirra o mal-estar e o preconceito, gerador, ele sim, de injustiça e hostilidade.

Diferenças dependem de época e cultura. Podem envolver questões menores, como gordos e magros demais, altos e muito baixos, brilhantes e menos ágeis mentalmente; diferenças religiosas — católicos e protestantes e de religiões africanas ou orientais —; e podem assumir dimensões trágicas, de abusos perversos, terrorismo e guerras.

Não queiram nos igualar, nos homogeneizar, nos transformar num exército de muitos milhões da mesma cor, mesmo uniforme, mesma linguagem, mesma capacidade. Uma nação se enriquece na diferença de sua gente, mas atenção: que os menos privilegiados estejam muito acima da qualificação de miseráveis. Que o Estado lhes proporcione chances e os estimule a conquistar uma condição de vida decente: nunca mais casinhas sobre palafitas, com crianças brincando na

36 | *lya luft*

água misturada aos seus dejetos, animais mortos, peixes podres; moradias decentes, não projetos mal pensados e mal realizados, que, antes de serem habitados, já desmoronam; não postos de saúde inacessíveis, ou hospitais públicos onde se morre no chão do corredor, sem um remédio para abrandar cruéis sofrimentos; nunca mais desemprego de muitas centenas de milhares, nunca mais desesperança e revolta, nunca mais gente suada em ônibus velhos, nunca mais o desrespeito com aqueles que não conseguiram ascender à classe dos ricos e que servem de massa de manobra para ideologias atrasadas e radicais.

As diferenças num povo não pedem nem se beneficiam com um tratamento condescendente e ineficaz da qualidade de vida, das necessidades básicas, e nelas mais uma vez incluo a educação. Os problemas, cada dia mais dramáticos, de pobreza, desemprego, falta de confiança e de horizontes não existiriam se não tivessem sido desviadas ou desperdiçadas as inacreditáveis quantias que agora se revelam, de parte dos responsáveis pelo país e pela sua gente: num país com tantas carências gravíssimas, isso não pode ser perdoado.

•

Vantagens que vão facilitar para alguns e destruir para outros a oportunidade de ingressar no ensino superior, além de promoverem perigosamente o crescimento dos preconceitos, têm sido concedidas de maneira perversa.

Alunos que se saíram bem no vestibular — só quem já teve filhos e netos nessa situação conhece o sacrifício, a disciplina, o estudo e os gastos implicados nisso — são rejeitados em troca

paisagem brasileira

de quem se saiu menos bem, mas que é de origem africana, ou indígena, ou que vem de escola pública.

E os outros? Os brancos pobres, os remediados de origem portuguesa, italiana, polonesa, alemã, árabe e outras, cujos pais lutaram duramente para lhes dar casa, saúde, educação — quem pensa neles e lhes oferece esse empurrãozinho generoso?

Esse estímulo se fundamenta, como escrevi antes, disfarçadamente em um conceito estapafúrdio (negado): a de que negros e índios e pobres são menos capazes, por isso precisam dessa "ajuda". Ao mesmo tempo, é uma forma de admitir que, sim, a escola pública é péssima. Por isso, alunos de todas as raças dela provenientes também precisam de favores extras. É uma ideia mal pensada e mal executada.

O favorecimento através de cotas e outros recursos é um tema polêmico, e não vou polemizar. Me permito considerar as cotas raciais uma trapalhada e uma injustiça: para os que são oficialmente considerados menos capacitados e, por isso, recebem o pirulito do favorecimento, e para os que ficam chupando o dedo da frustração, não importam os anos de estudo, a batalha dos pais e seu mérito pessoal.

Os alunos beneficiados têm todo o direito de reivindicar essa possibilidade que lhes é oferecida. Mas hão de perceber que não entram na universidade por esforço e mérito pessoais, muitas vezes também da família, mas pelo que o governo considera deficiência: a raça ou a escola de má qualidade de onde vieram — esta, oferecida pelo próprio Estado.

(Registro aqui que jovens de minha família, podendo justificadamente se declarar negros para usufruir das cotas e entrar mais facilmente numa faculdade — passando à frente de estudantes com nota melhor —, recusaram a benesse porque estariam tirando o lugar de outros que lá chegariam por merecimento.)

•

Lembro, em contexto semelhante, o episódio, há quase trinta anos, em que filhos de agricultores que quisessem entrar nas faculdades de agronomia ali chegavam através de cotas, pela então popularmente conhecida "lei do boi", ocupando o lugar de outros com melhores notas, exatamente como ocorre hoje com as cotas raciais.

Constatou-se, porém, que verdadeiros filhos de agricultores representavam um número reduzido. Os beneficiados eram, na maioria, filhos de pais ricos, um ou outro talvez dono de algum sítio próximo, mas não verdadeiros agricultores. No entanto, com esse recurso alguns acabaram ocupando o espaço de alunos que mereciam, pelo esforço, aplicação, estudo e nota, aquela oportunidade. Muita injustiça assim se cometeu, até que os pais, entrando na justiça, conseguiram, por liminares, que seus filhos recebessem o lugar que lhes era devido por direito. Finalmente, a "lei do boi" foi pro brejo.

•

Sim, eu sou a favor da meritocracia politicamente incorreta.

Sou a favor de melhorarmos em muito o nível da escola pública elementar, estendendo essa possibilidade, que é um direito, a todos os brasileiros, também nas favelas, nas cidades-palafitas, no mais remoto sertão ou periferia de grandes cidades. Aliás,

paisagem brasileira 39

sou a favor de elevar o padrão de praticamente tudo neste país, que, de momento, se assemelha a um reino de mediocridades em todos os terrenos e escalões. Podemos começar estimulando um ensino de ótima qualidade (pobres também merecem o melhor!), subindo o padrão das escolas públicas, multiplicando o número de bolsas de estudo em segundo e terceiro graus para alunos esforçados mas sem as condições financeiras necessárias. Teríamos cotas econômicas (ou sociais, se quiserem) mais do que justas, e mais do que necessárias numa democracia.

Também sou a favor da exigência sem exageros, do respeito à inteligência e à capacidade dos alunos; sou a favor do rigor no trabalho com eles, o que significa estimular, interessar, premiar, fazer repensar e retrabalhar, enfim, dignificar ao invés de declarar sua incompetência.

O valor do esforço

Todos merecem o bom, o ótimo, o melhor: e todos, conforme suas possibilidades, precisam se esforçar para obter isso, não como favor, mas como conquista. Isso é uma questão de respeito sem distinção.

Se assim fosse desde a escola elementar, passando pelo nível médio, em todo o Brasil, não teríamos jovens universitários que não conhecem ortografia e, pior, não conseguem exprimir com simplicidade e correção seus pensamentos... porque, em geral, nem os têm. Desabituados à leitura, ao trabalho e à argumentação, ao esforço por aprender, a horas e horas em cima dos livros (desacostumados aos livros, aliás) ou em pesquisas (não cópias...) na internet quando têm computador (não se iludam quanto à posse generalizada de notebooks), jovens entram e saem das faculdades com quase igual despreparo.

Os bons alunos, isto é, que querem aprender e progredir, se queixam do baixo nível, da falta de professores, de material ou instalações adequadas. Os outros, sem culpa pelos erros do sistema, acabam exercendo suas profissões do jeito que conseguirem: teremos cada vez mais doentes mal diagnosticados e erradamente tratados, construções rachadas e erodidas, estradas mal asfaltadas, pesquisas incompletas ou inviáveis por falta de preparo de seus autores, e decepcionados aqueles que, por esforço e muito estudo, procuram graus de excelência para si e para o país.

Outro resultado desse conceito de igualar por baixo, como se isso fosse democracia, implica a facilitação no ensino — e é um desastre.

Precisamos realmente baixar nossas exigências ao nível dos menos privilegiados em lugar de conduzi-los a uma condição melhor, com mais recursos de progresso pessoal? Uma pessoa simples será, por exemplo, incapaz de apreciar o bom e o belo, de que sua gente nem de longe se aproxima porque não lhes proporcionamos isso? Não conseguirá ouvir e apreciar um livro (os que souberem ler...), uma peça de teatro, um concerto de música clássica — dentro de suas condições — sem conhecer teorias, sem ter estudado o assunto?

Pobres e mesmo iletrados não são necessariamente mais obtusos do que ricos alfabetizados. Podem não conhecer a biografia do compositor, o uso dos instrumentos, a elaboração das partituras, mas a música os atingirá porque os simples têm emoções, delicadeza, sentimento e gosto pelo belo. O mesmo

paisagem brasileira | 41

acontece com peças de teatro (veja-se o Teatro do Oprimido de meu já falecido amigo Augusto Boal).

Proporcionar-lhes isso é permitir que desabroche e cresça a possibilidade de conquistas, a que todos têm direito.

Alguns poucos projetos oferecem museus e galerias de arte ou concertos para todos: ali se constata que crianças e adolescentes de periferia conseguem, de maneira surpreendente, curtir bons quadros e esculturas, mesmo sem serem especialistas em artes plásticas. Não é preciso conhecer teoria para enxergar beleza, harmonia, ou soltar a fantasia diante de um objeto de arte: a arte pode ser democrática sem ser distorcida ou facilitada, como se tem feito — aliás, com certa dedicação —, pelos responsáveis por nossa educação e cultura.

Recentemente, várias notícias causaram um desses choques que me fazem pensar que estamos enganados, não pode ser, vou ler de novo. Um pequeno exemplo vale a pena ser citado: um projeto já em execução, financiado em parte pelo Ministério da Cultura, banca a edição de centenas de milhares de livros de autores clássicos brasileiros "facilitados", começando com Machado de Assis. Facilitados para quem? Para o leitor ignorante, é claro, despossuído da inteligência necessária, ou da necessária educação para ler esse autor, o primeiro entre nós, que eu saiba, a sofrer tão abominável mutilação. Certamente logo outros vão sofrer tal cirurgia. Troca de vocábulos e talvez frases inteiras. Em suma, reescrevem Machado; portanto, o que for lido não será mais ele. Inútil trabalho, gasto inútil, logro do leitor, o livro não será de Machado de Assis.

Isso faz parte da mediocrização paulatina e permanente de tantos setores do Brasil, nas escolas e universidades, nas

lya luft

repartições e empresas, nos cargos de mando do país e na administração pública em geral.

Alunos saem das primeiras séries muitas vezes sem saber ler e escrever direito; assim passam pelo ensino médio, em que é preciso esforço para ser reprovado. Aliás, aqui vai um exemplo do tabu que recobre algumas palavras relacionadas ao tema ensino: desaconselham-se fortemente os termos "reprovar, reprovação" para não "traumatizar" os alunos. Com bobagens como essa, aliás, eliminam-se punições mesmo nos casos mais sérios, reprovações, em algumas escolas até mesmo notas. Tudo transcorre de mansinho, com alunos iludidos, pais e professores perplexos, e a ideia de que a vida deve ser um jardim de infância.

Se devemos "aprender brincando", em lugar de mostrar desde cedo que existe hora de brincar e hora de aprender, ao primeiro tropeço na vida futura, à primeira frustração, forma-se a turma dos que não querem nada com nada, que em geral desistem dos estudos, julgando-se incapazes ou mais provavelmente injustiçados, sem maior horizonte, presas fáceis dos traficantes e do desalento mortal.

●

Neste momento em que a economia fracassa por mal gerida, e se buscam consertos e explicações bastante frágeis, peritos e governo decidiram que cortes no orçamento são a nossa salvação (além de aumento de impostos, combinação geralmente fatal). A educação — que devia ser inatingível, junto com saúde e infraestrutura — foi a mais fortemente atingida: cortam-se bolsas ou se suspende seu pagamento aqui e no exterior, cortam--se gastos com segurança e limpeza de escolas e universidades

paisagem brasileira

públicas, mantêm-se baixos os salários dos professores — torna-
-se o ensino uma caricatura do que foi.

Várias faculdades em universidades públicas começam a fechar as portas provisoriamente porque há meses não se paga nem o pessoal da limpeza: ninguém mais consegue conviver com montanhas de lixo nos corredores, salas de aula sem manutenção, segurança zero — também esse pessoal não tem sido pago. No exterior, milhares de alunos entusiasticamente mandados para estudar, o que foi alardeado como grande feito no campo da educação, agora se debatem com o não pagamento das bolsas, suspensão do dinheiro para moradia, alimentação e transportes, e até da passagem para que voltem ao Brasil.

Cresce o número de greves do magistério, milhares de professores param em quase todos os estados do país, milhões de alunos ficam sem aula. Não porque os professores gostem de suspender seu trabalho, abandonar os alunos, desfilar nas ruas e acampar nas praças, mas porque as condições de trabalho são insustentáveis. E porque seu salário aviltado — num país que não reverencia a educação — não lhes permite continuar na profissão para a qual estudáram e à qual dedicaram sua esperança e sua vida.

Excelência não é elitismo

Para além da questão de bolsas de ensino, falta de escolas ou situação vergonhosa de muitas delas, existe aqui outro dilema sério, mas desprezado: a procura de qualidade no ensino, de compostura na sala de aula, de respeito entre professores e alunos, e de excelência nos currículos, nos trabalhos, no ensino em geral. (Vejo narizes torcidos, olhos desviados, rostos hostis, como se eu fizesse apologia de campos de concentração, não de escolas.)

Excelência não é elitismo nem é para aristocratas, retórica tola de algumas correntes de pensamento. É impulso e horizonte para que o estudo seja objeto de entusiasmo de todos os alunos, de todas as regiões e camadas, e os faça trabalhar para melhorar, em lugar de se rebelarem quando um professor pede que leiam um livro em um mês.

"Imagine só, a professora exige que a gente leia um livro este mês!" — reclamaram estudantes de certa faculdade, e procuraram o diretor pedindo que censurasse a moça ou a demitisse. Seria de rir se não fosse de lamentar, mas cabe bem nestes parágrafos sobre exigência como estímulo, oportunidade e homenagem ao aluno.

Raramente comento algum livro: estou do lado de cá do balcão; escrevo livros, não os estudo nem critico. Mas sugiro a quem se interessa pelo tema da educação minha leitura destes dias: *As crianças mais inteligentes do mundo*, de Amanda Ripley, experiente jornalista americana, que analisou o aproveitamento de alunos americanos que estudavam em universidades fora dos Estados Unidos. Nelas estavam os melhores estudantes do mundo, segundo critério do Pisa, que avalia as condições que levam alunos a serem excelentes. O que os distinguia? Não era a família rica, a origem étnica, não era nenhum favorecimento. Apenas trabalho, esforço e exigência de parte da instituição. Em última análise, *rigor*, palavra que dá arrepios aos seguidores do esquema "aprender brincando","não traumatizar o aluno","não reprovar para não humilhar" e assim por diante. É a crença funesta de que o estudante não deve se esforçar demais, nunca

paisagem brasileira | 45

parecer um nerd, um bajulador dos professores, ou o bobo que não sabe "aproveitar a vida" (alguém ainda tem de me explicar o que isso significa...).

Rigor quer dizer, nas instituições analisadas, alta valorização dos professores, muito exigidos em sua preparação, muito estimulados, consequentemente muito respeitados e bem pagos. O cargo de professor é tão respeitado quanto a profissão de médico. Portanto, professores satisfeitos, competentes, sem medo de serem exigentes com seus alunos, mas entusiasmando esses estudantes a trabalhar. (O que contraria, e ofende, a altíssima autoridade que há poucos anos apregoava que "o Brasil é um país maravilhoso porque não se precisa estudar para ser presidente da República".)

Exigir esforço dos estudantes não quer dizer uma escola severa e fria nem professores carrascos. Ao contrário, significa afeto, interesse e respeito. Só respeito aquele do qual posso exigir alguma coisa — dentro do possível. Assim, alunos se esforçam, se orgulham de suas notas, gostam de estudar e trabalhar. Nessas escolas, o mais apreciado não é o melhor esportista nem o mais popular, mas o melhor no estudo e na compostura. Há uma competição saudável e alegre no trabalho pelo futuro pessoal. (Aqui, onde o estudo é cada vez mais fraco, um deputado propõe que se retire das escolas o ensino do inglês; outro figurão sugere o mesmo para "matérias inúteis como filosofia e sociologia, pois os alunos já estudam demais".)

Um dado surpreendente no livro de Ripley confirma o que anteriormente escrevi sobre todos serem capazes de apreciar o belo e o bom: *excelência não tem a ver com raça ou riqueza.*

Mas é preciso reconhecer que *excelência* é quase um insulto num país onde o investimento em educação é vergonhosamente

46 | *lya luft*

baixo, onde reinam miséria e descaso, e milhares de crianças adoecem e morrem por falta de higiene, cuidados médicos, e, para começar, comida.

Comer arroz

Gravando um documentário sobre condições de vida e de escolaridade numa região pobre do país, dessas que proliferam vergonhosamente e não existiriam se fortunas roubadas fossem dirigidas ao povo, perguntaram a um menininho brasileiro se ele gostaria de ir à escola — caso houvesse uma por ali.

Ele respondeu tímido, sem olhar para a câmera: "Sim."

A inocente repórter indagou então o que mais queria fazer na escola, e a criança disse ainda baixinho: "Comer."

A moça visivelmente respirou fundo e continuou corajosamente: "E o que você mais gostaria de comer?"

"Arroz", ele falou.

Não era macarrão com molho, carne, fruta; não era um hambúrguer ou um sorvete: era simplesmente arroz, que já poderia lhe salvar a vida.

Embora com menos fervor do que já tive em tempos um pouco melhores, desejo (ingenuamente) uma mudança de pensamento e postura no país: proporcionar que todos tenham condições de vida decentes, para tornar suportável a jornada neste grande navio onde nada funciona direito e tanto nos foi tirado. De vez em quando é bom permitir-se um desejo inocente. Porém, a realidade é outra, e a esperança diminui quando autoridades continuam dizendo que está tudo bem, logo vamos melhorar, tudo está sob controle, tudo se faz pelo bem dos brasileiros mais necessitados — e nos pedem agora paciência e compreensão com o governo.

paisagem brasileira 47

Menininhos com fome não podem esperar, nem compreender quem deveria ser responsável por eles.

Resignação indigna

Tão grave quanto a falta de comida, escola e saúde — e futuro — é a falta de confiança, essa que nasce do respeito e da verdade. Mas, traído, este povo, abalado e exaurido, mais uma vez suspira: "O Brasil é assim." E, quem sabe, "Deus é grande."

Espero que a gente troque essa resignação indigna por uma consciência de que merecemos mais e podemos mais, desde que com ordem e paz (que a corda não se estique tanto que a paz se torne impossível e irrompa a violência, filha da indignação e da necessidade — esse é um de meus receios, observando o que se passa no país neste momento).

Figuras em que confiávamos, em quem votamos, que pensamos que iriam nos representar e ajudar a crescer como povo e como indivíduos — se é que pensamos — estavam desinteressadas de nós, agarradas a seus cargos, dinheiro e poder, destituídas da real autoridade, a moral: que nasce da linha de pensamento, da realização, da honradez e da sabedoria.

Falar em "autoridade" me remete à ocasião em que ia dar uma palestra sobre educação. Ainda no saguão do hotel, conversava com alguns jornalistas. O primeiro a falar, um rapaz simpático, perguntou qual seria o tema da minha palestra. Respondi: "Educação e autoridade." Ele piscou uns claros olhos inocentes e disse espontaneamente: "Autoridade? Aquilo que diz isso pode, isso não pode?"

Achei graça: "Isso mesmo. Há coisas que a gente pode e outras que não pode — ou não deve."

Educadamente, ele não comentou nada, mas vi que meu assunto lhe pareceu tão anacrônico quanto um dinossauro ressuscitado.

Tenho me lembrado disso nestes dias com tantas altas figuras do governo sob suspeita, oficialmente ou não, e a decepção, o sentimento de traição e o desrespeito se disseminando como um vírus que a tudo contamina — os que não podiam perder a autoridade na verdade nem a tinham, mas a gente mais uma vez não sabia.

Com o que está acontecendo — e o que está por vir — no Brasil, me inquieta esse enfraquecimento e talvez desprezo pela noção de autoridade, da qual o autoritarismo é uma sinistra caricatura. É bom rever nossos direitos e deveres, mas, antes, é preciso descobri-los. Exercer uma legítima e positiva autoridade cabe a quem ocupa qualquer posição que a exige, seja na família, na escola, no país. Se não temos a quem respeitar, desmoronarão as instituições e hão de se abalar as organizações política e social.

Uma cena tragicômica, mais trágica do que engraçada, se desenrola aos nossos pasmados olhos, entre personalidades e instituições importantíssimas, em que deveríamos poder confiar, em que se desfizeram nossas ilusões substituídas por decepção, sacrifício, sofrimento.

Mas ainda há espaço para o otimismo: por isso estou escrevendo aqui.

•

Um jornalista me descreve como "otimista sem ilusões": gostei da definição.

Sem nenhum otimismo, deveríamos nos matar. Ilusões exageradas, porém, são perigosas; a alienação é destrutiva. Nós, aqui e agora, devemos deixá-las de lado e enfrentar a

paisagem brasileira | 49

responsabilidade de nossa escolha fundamental com relação ao país, ao Estado, a nós mesmos.

Para que não sobrevenham tempos piores.

Para que se acredite que vale a pena ser honesto.

Que vale a pena estudar.

Que vale a pena trabalhar.

Que nem todo mundo é corrupto, cúmplice dos corruptos, ou omisso.

Que ainda há líderes respeitáveis.

Que somos em boa parte responsáveis por nós, e pelo país.

Que votar é coisa séria, cada voto um tijolo na construção do país que queremos. Porque é preciso construir: a vida, o futuro, o caráter, a família, as amizades e os amores. Pois tudo é construção, e nós, os operários. Construir uma existência que não desmorone com as chuvas, não solte avalanchas que vão deslizar e sufocar, aos outros ou a nós mesmos, e arrasar o que foi feito. E um país que não seja mal conduzido, maltratado, rebaixado aos olhos do mundo, último ou perto disso nos cálculos mundiais.

Voltar a subir vai levar anos, custar sangue e lágrimas, e muito empobrecimento.

Construir ou reconstruir uma vida, como um país, pode ser repetitivo e cansativo, como educar uma criança. Recuperar-se, depois de chegar ao ponto em que estamos, é todo um processo de reeducação: reaprender também a confiar.

Um rapaz que foi pai muito jovem, e era um pai maravilhoso, certa vez se queixou sorrindo: "Todo dia a mesma coisa. Levanta a tampa do vaso, escova os dentes, não fala de boca cheia, aquelas coisas." Mas ainda bem que não é só isso, comentamos. Tem também a graça, a ternura, a alegria, o assombro quando

50 | *Iya Iuft*

a pessoazinha evolui, cresce, se manifesta, se transforma. Tem as risadas, o jogo de bola, ou a boneca nova, ou ensinar a andar de bicicleta, ou ficar abraçados de noite olhando as estrelas.

Tem muita coisa boa.

Tem o lado aborrecido também, como em tudo na vida. Tem sacrifício, cansaço, desânimo e recomeço.

E a gente vai ter de enfrentar. Estamos começando: não querer mais tudo isso que está aí pode mudar a paisagem — com a colaboração dos membros conscientes de uma verdadeira, plena, democracia.

A cultura da democracia

Democracia, pilar de uma nação soberana e civilizada, é difícil, às vezes dura de aceitar. Complexa, cheia de meandros e enganos: fácil trair essa velha senhora, que, se implementada de verdade, nos teria salvado, porque seríamos informados, seríamos respeitados.

Ela é a forma de organização social e política que busca dar a todos o melhor, dar a cada um o que é justo, governar por ter sido legitimamente eleito, de modo que todos tenham as melhores oportunidades, sem intervenção do Estado na vida dos indivíduos, eventualmente realizando assistência social aos mais despossuídos, que serão encaminhados para aprendizado e trabalho a fim de serem independentes.

É um tipo de regime político que evita os extremos da autocracia e da anarquia, representando um afastamento em relação aos regimes autocráticos da tradição: uma dissolução contínua daquele poder pátrio de origem, que desembocou nas

paisagem brasileira | 51

aristocracias de sangue na Grécia Antiga, depois nas monarquias dos medievais e modernos.

Se a democracia tivesse sido exercida enquanto respeito ao povo, nascida de uma escolha consciente e séria, a confusão atual não existiria, a corrupção não estaria dominando, menos espalhado o cinismo, mais difícil a roubalheira e menos sacrificados os brasileiros. Os favorecimentos em troca de voto prosseguem sem pudor, comentados com naturalidade nos noticiosos, expondo a má administração das contas públicas e as manobras políticas e econômicas equivocadas. As ficções com que nos iludiram teriam empalidecido, e os corajosos que enfrentam poderes menos lícitos teriam suas vitórias, que seriam as nossas, de todos — também do menininho pobre que queria escola para poder comer... arroz.

O problema é que, sendo uma democracia, é preciso respeitar a escolha da maioria, ainda que a maioria tenha sido pequena. Ou ainda que fosse um voto só. Respeito é virtude e educação ao mesmo tempo. Devo respeitar meu amigo, meu adversário, meu parceiro, meu competidor, meu empregado e meu patrão. Meu velho pai, aliás, me dizia quando eu enfrentava na juventude alguma escolha difícil: "Para esse lado, minha filha, você corre mais risco de se sair mal; por aquele lado, penso que tem mais chance de ir bem; mas, seja qual for a sua escolha, o pai estará aqui para você."

Essa frase tem a ver com respeito pelas escolhas alheias, como no final de qualquer honrada disputa. Tem a ver com a certeza de que, de parte a parte, haverá decoro e compostura para não sermos uma selva de vingança e rancor, autoritarismo e controle: isso, sim, a todos nos dignificará. Por difícil que seja, pois será difícil: as apostas foram altas, as emoções, intensas; agora, preocupação e angústia nos atropelam.

Iya luft

Que não sejamos um país dilacerado, mas consciente de que, entre vitoriosos e derrotados, estamos todos num mesmo barco. Tudo isso, enquanto escrevo, pode parecer literário demais, pois diariamente presenciamos interrogatórios, depoimentos, confissões e revelações — ou evidentes mentiras e negativas de depor —, sombrios e assustadores, inimagináveis para nós, ocupados em nossos trabalhos e nossa sobrevivência. Mas também vemos o silêncio baixando sobre dados comprometedores demais.

A Justiça assume uma inesperada importância: estamos habituados a que pouco funcione, esperamos anos pela conclusão de um processo simples, e o acúmulo de ações e o emaranhado da Justiça e da burocracia, a multiplicação de funcionários ociosos ou despreparados nos dão a sensação de que ela nos abandonou.

Por outro lado, sua presença ativa é mais premente do que nunca, para que ajude a endireitar o que estava tão torto, e para que a gente não acabe definitivamente, ou por longo tempo, entre os países mais atrasados também nesse quesito.

Um país, como a casa expandida — não de um indivíduo ou pequeno grupo familiar, mas de todo um povo —, se apoia em fundamentos que o sustentam para que nele se possa viver e crescer. O primeiro é sua forma de governo, no nosso caso a democracia, suas relações políticas e sociais, o funcionamento de suas instituições, tudo isso que permite a cada indivíduo, e à nação como um todo, formas de crescimento, de organização, de transformação, de inserção no contexto mundial, entre os mais adiantados e positivos cultivadores da liberdade e da dignidade. Ela não vem de empurrões e benefícios, mas de trabalho, crescimento e construção pessoal e nacional, que o Estado deve nos proporcionar.

paisagem brasileira | 53

A possibilidade de escolher lideranças e caminhos é essencial: chama-se liberdade, com vários contornos, e nela a liberdade de expressão é a maior de todas, pois, se emudecemos, ou se nos emudecem, os melhores sonhos e os maiores trabalhos e realizações estarão fadados ao fracasso, numa paisagem em que o horizonte é restrito e o espaço da esperança se reduz cada vez mais.

3 | *A paisagem*

Olho em torno e vejo um país equivocadamente administrado, andando segundo uma linha de pensamento que o fez encolher e travar, um povo empobrecido e angustiado, que começa a abrir os olhos clamando: "Isso que vemos aí, nós não queremos mais!"

Entre todas as crises, graves e profundas ou rápidas e logo resolvidas, esta nos desmoraliza especialmente. Pois, em muitos aspectos, nos coloca entre os piores do mundo, nós que éramos o futuro. Indústria, serviços e comércio estão em queda livre. Logo a agricultura os acompanhará. Em lugar de multidões consumindo na ilusão de terem saído da miséria ou da pobreza, vemos milhares de desempregados, de inadimplentes, de angustiados e revoltados, que não sabem a quem recorrer, pois seus líderes se entregaram à dança dos corruptos, dos desinteressados ou dos incompetentes, que se prolongou tempo demais.

No meio da tempestade, a bússola falha, os comandantes escaparam ou estão trancados em suas cabines de luxo, alguns poucos insistem num discurso que nem a eles próprios convence. A grande nau chamada Brasil hesita entre portos fictícios.

Difícil uma reunião de amigos ou família em que não se intrometa este assunto: a corrupção, os culpados, como serão (ou não) punidos, quem vai compensar o povo por esses desvios, quem vai pagar a conta? Certamente nós, e já começamos a sen-

paisagem brasileira | 57

tir esse ônus, pois era nosso, reservado para o nosso bem-estar crescente, cada centavo tão melancolicamente roubado nessa farra de milhões e bilhões em administrações irresponsáveis. E em tantas entrevistas coletivas, discussões no Congresso e aflições, admira que ninguém se levante e brade em público a simples realidade: "Todas essas propostas, esses projetos, planos e complicados cálculos nada têm a ver conosco, as pessoas comuns, mas com as ações incompetentes, interesseiras, amadoras e obscuras dos responsáveis pelo Brasil."

A preocupação e o assombro formam um óleo gosmento que invade as conversas alegres e os gestos afetuosos. A gente tranca a porta, fecha as frestas, mas lá estão, nos olhando, as caretas repulsivas da desonestidade e, talvez mais grave, da impunidade que a estimula. Vemos um Brasil onde os honrados, homens e mulheres de princípios e vergonha na cara, parecem exceção — como se não fossem eles, os pequenos, os verdadeiros legítimos senhores do país; enquanto os corruptos, traidores, desqualificados são na verdade os intrusos. Momento difícil, sem graça, sem explicações plausíveis, sem rumos certos, sem resultados claros e sem muito a fazer senão tentar realizar, em nossa vida individual, parâmetros de honradez e trabalho, como se a casa, a família, o lugar de trabalho ou de prazer de cada um de nós fosse uma minúscula réplica do Brasil como queremos que seja.

Juntos, com comunidade, grupos vários, a cidade e um círculo crescente de influências, muitos tentam entender o que aconteceu, o que pode ser salvo, e como se faria isso, com que liderança que não seja política e sujeita a interesses que não os do Brasil... desde que figuras dos mais altos escalões deixem de insistir em que o difícil momento brasileiro se deve a problemas externos e crise energética no país: essa postura enfraquece a autoridade de quem a assume, e continua fazendo parecer que o povo é ignorante e incapaz. Isso impede qualquer real providência para sair desta situação, que não é leve nem efêmera, mas dramática e sem solução à vista.

O povo que somos

Ilusões começam a desabar do modo como previam os que permaneceram lúcidos — são poucos. As bondades que jorraram de bolsas abertas (afetando indiretamente as nossas bolsas, mas não percebíamos), ou de fontes suspeitas, começam a cobrar juros diabólicos de nós, os cidadãos comuns de todas as classes sociais e raças.

"O dinheiro acabou, o cofre está vazio", diz uma autoridade, "precisamos de compreensão." Os credores, o aluguel, o supermercado, o médico não têm compreensão. Um menininho com fome não pode ter paciência.

Simples assim.

E agora? Agora os cortes: vamos cortar os cem mil cargos em comissão? Vamos acabar com o pagamento a noventa milhões de brasileiros que vivem de cheques do governo, recebendo benefícios sociais ou trabalhando em cargos públicos? Vamos reduzir os quase quarenta ministérios com seus cortejos, vamos interromper obras faraônicas inúteis, e o que fazer com os estádios gigantescos, que custaram cada um mais de um bilhão de reais e aguardam, imensos e silenciosos, os raríssimos eventos que os movimentem? O que dizer das pontes sem estradas, estradas com rios sem pontes, enormes estruturas inúteis no meio de desertos, correntes de dinheiro atoladas na lama?

paisagem brasileira | 59

Parece que não. Por enquanto ao menos, já que estamos em recessão (mas não usamos esse termo), vamos pedir ajuda ao brasileiro, que já nem consegue pagar suas próprias contas: vamos transformar a gigantesca dívida que fizemos em dívida de cada um deles.

A falta de projetos reais, as inaugurações de cenários de papelão, as estradas infernais, os prédios públicos (como hospitais e universidades) deteriorados, nossa juventude com péssimos modelos, os adultos sem rumo, a pobreza enganada ou comprada por uma ninharia em lugar de trabalho, doentes desesperados e médicos consternados na saúde pública, as intermináveis filas de doentes debilitados e as multidões indo e vindo em meios de transporte ultrapassados... tudo isso me assombra.

Difícil imaginar como estamos suportando sem violência. Que os deuses nos ajudem para que ela não irrompa da alma de um povo exausto e descrente.

Na condição de alguém que ama e observa este país onde nasceu, em cuja vida cotidiana se espelham, como na de cada brasileiro, as ações dos que administram a nação e a deveriam servir, é que me pergunto: afinal, que povo somos?

Uma nação folclórica e atrasada, marcada no exterior, em muitas ocasiões, pelo "jeitinho brasileiro" para contornar (não resolver) problemas?

Um povo humilde e sofredor, que se contenta com muito pouco, ou gente alienada, que não enxerga além da borda do prato?

Um povo fissurado na vantagem individual, no cargo ou no carguinho obtido por meios ilícitos, em troca de algum favor, e que serve para nos dar uma ilusão de estabilidade?

60 | *lya luft*

Um povo que escolhe ignorar os desmandos, a impunidade e a estagnação que contaminam nossa pátria e não deixam dormir os que ainda pensam?

Numa Feira Internacional do Livro, em Frankfurt, na Alemanha, presenciei há muitos anos livros jogados sobre mesas, nos cantos televisões com exibição de escolas de samba, bandejas com caipirinha, e jovens alemãs se queixando de que um ou outro representante do Brasil teimava em assediá-las com piadas obscenas.

Não é sempre assim, imagino que nunca mais tenha sido assim, pois por algum tempo cresceu uma consciência de que podemos participar intelectualmente, culturalmente, do grande mundo e ser ali respeitados. Olhavam para nós com esperança, éramos o país do futuro.

Hoje nos olham de lado, ou de cima, porque estamos encolhidos; porque não temos sido verdadeiros; porque não assumimos nossas falhas para podermos nos corrigir e dar um grande salto à frente. Porque quiseram nos fechar dentro do círculo de alguns países da América Latina, isolados das nações mais adiantadas entre as quais já deveríamos estar.

Espero que nossa consciência e nossas exigências justas revelem o contrário: uma nação que pensa e escolhe com determinação, uma gente pacífica, mas firme, não arrogante, mas altiva, e que começa a se dar conta de seu valor, seus direitos e sua força.

Um país é como uma pessoa, com dores de crescimento, conquistas e fiascos, fases positivas e outras de trapalhadas várias. Mas bater a cabeça contra a parede de ilusões que deviam estar superadas e andar com venda nos olhos fingindo ser superior resultam numa queda feia. Caímos, mas podemos nos reerguer.

paisagem brasileira

Com várias gerações de antepassados, lutei do jeito que podia para que este fosse um país onde a gente se orgulhasse de viver, onde os líderes fossem exemplos, os bens públicos, bem administrados, onde a cultura florescesse, a saúde fosse para todos, a justiça funcionasse e a esperança vicejasse. Tudo isso agora está em queda, também entrou numa forma de recessão — mas não precisa ficar assim.

Volto à pergunta de antes: que povo somos? Começamos a reagir: manifestações por toda parte, greves, conversas e reações, figurões são vaiados em restaurantes ou aeroportos, muitos se escondem, alguns mudam de lado, abandonam o navio como fazem os ratos.

Somos um país na iminência de uma convulsão social, onde a violência começa a tomar conta dos bairros antes considerados seguros — mas não há segurança onde não há polícia em quantidade, bem paga, respeitada e preparada, num país onde insatisfação, desemprego, medo e raiva produzem explosões altamente perigosas.

Muita coisa, muitos problemas, e dilemas, a questionar. Pouco horizonte claro à vista.

As questões da virtude

Escrever é questionar, não importa se estou escrevendo um romance, um poema, um artigo. Palavras são minha arma: como ficcionista, meu espaço de trabalho é o drama humano: palco, cenário, bastidores e os mais variados personagens com os quais invento histórias de magia ou desespero. Como cronista, observo e comento a realidade como a vejo, com toda a gama de enganos que a gente comete: os causados pela incompetência, pessoas em postos errados, e aqueles nascidos da ganância, do apego ao poder, ou de alguma ideologia controladora pela qual tudo se sacrifica, até a honra ou o bem-estar de um povo.

A história humana tem disso exemplos fartos.

O filósofo grego Diógenes, o cínico, encontrado, em pleno dia, com uma lanterna na mão pelas ruas de sua cidade, foi indagado sobre o motivo daquilo, e respondeu: "Procuro um homem honrado."

Vamos ter de sair aos bandos, aos magotes, catando essa figura, não uma, mas multidões delas, para consertar isso, que parece não ter arrumação. Se os homens nos quais confiamos já não servem de modelo, devemos dizer aos nossos filhos e netos que não olhem para aquele lado nem os imitem?

O Senado da República teve sua maior importância em Roma, a antiga, e se originou dos milenares conselhos de anciãos, ou homens sábios e meritórios de tempos remotos. O Senado romano também não era um congresso de santos: até Brutus ali tramava, ocultando nas vestes o punhal com que mataria Júlio Cesar, seu protetor. Afinal eram — e são — todos apenas humanos, e o problema sempre começa aí. A noção idealizada de um grupo de homens virtuosos liderando foi ultrapassada: a realidade nos obriga a abrir olhos e mente.

No Congresso brasileiro discutem-se de momento — e se aprovam ou se engavetam — propostas que vão de um espantoso aumento para o Judiciário à imposição de maiores dificuldades para se obter seguro-desemprego e pensões. Mexem com nossos direitos. Cancelam-se investimentos essenciais em saúde e educação, atrasam-se despudoradamente pagamentos de dívidas

paisagem brasileira

até com fornecedores e de salários de funcionários públicos ou terceirizados, fazendo estagnar o país.

Se questionados, dirão que a culpa é dos povos estrangeiros, invenção da imprensa ou apenas manha dos que gostam de choramingar.

"E daí?", dirão os mais céticos. Toda família tem seu esqueleto no armário, todo povo também: houve papas assassinos e mulherengos, reis dementes, rainhas devassas. Alguns normaizinhos buscavam cumprir seus deveres e cuidar da sua gente sem prejudicar ninguém — foram raros, e às vezes medíocres. Em geral, acabaram esquecidos.

Eu queria preservar e passar para meus filhos e netos a imagem de governantes e homens públicos, que botamos em seus cargos e cujos salários pagamos (mas nossa postura servil não nos permite pensar nisso), como uma estirpe nobre, que lá estão por merecimento e que se debruçam sobre os rumos e necessidades do povo.

(Em caso de dúvida, olharíamos para eles e teríamos neles exemplos a seguir, suas palavras seriam ouvidas.)

Mas como éramos de um lado corruptos e de outro, condescendentes — nossos olhos agora estão se abrindo, arregalados de espanto —, e a impunidade era quase uma constante, instalou-se entre nós uma epidemia que corrói os sentimentos morais.

Se fomos criados acreditando que o importante não é ter poder, mas ser uma pessoa honrada, estamos mal-arranjados. Pois, na vida pública, não malbaratar o dinheiro, não fazer jogos de poder ilícitos, não participar das tramas, ficar fora da dança dos rabos presos em que todos se protegem virou quase uma excentricidade.

lya luft

Todos protestam inocência: ninguém viu nada, ninguém soube de nada. Principalmente, ninguém se envolveu em nada. Quem ocupa o mais alto cargo do país nunca soube de nada. A presidente da maior estatal brasileira, hoje a mais corrupta e endividada do mundo, nunca percebeu nada. Presidentes de entidades nacionais e internacionais de futebol, grande escândalo global deste momento, jamais viram nada, embora uma dezena de seus figurões acabe de ser presa depois de longa e séria investigação.

Discursos e protestos ufanistas e delirantes, revelando uma quase total alienação, falam de um país que não é este: parecem vir de um planeta estranho, como se andasse pelos ares uma epidemia que, além de enfraquecer a moral, atacou a visão e a inteligência de algumas autoridades, ameaçando também a nós, o povo. Antigas certezas se diluem: calejados pelas decepções, vacinados contra a indignação com uma alienação perigosa, agora que tudo isso nos obriga a pensar, não sabemos o que pensar.

Mas o pensamento é arma mais poderosa do que uma faca ou um fuzil.

É preciso saber que dispomos dela, e manejá-la com destreza, para o nosso bem. Porque pouco refletimos, ou preferimos, também nós, não saber o que se passava, ou porque era tão monstruoso que não se podia acreditar, ou ainda porque fomos condescendentes, a corrupção foi crescendo e se instalou como algo normal. Os decentes eram os trouxas; que país era este? "Parou a corrupção, parou o país", afirmou por esses dias uma pessoa julgada e condenada a muitos anos de prisão por corrupta. A frase, embora cínica, assustou por realista ou muito provável, pois estamos parados ou em ritmo de quem vai parar.

"Esse é o jeito do Brasil", diz alguém mais cínico.

E nisso — apesar de tudo — não quero acreditar.

paisagem brasileira

Teatro de enigmas

Em tempos antigos, mais mito do que realidade, a Esfinge, uma senhora pouco simpática, devorava quem não adivinhasse as charadas que propunha. Acabou desmascarada pelo rei Édipo (vejam tragédias gregas), e, de raiva, se lançou num precipício. A ideia de uma Esfinge brasileira a nos encher a paciência me ocorreu para construir um capítulo apenas questionando enigmas brasileiros atuais. (Devoraremos a moça antes que ela acabe conosco?)

Para ter um país melhor, precisamos saber o que queremos, encarar os problemas, entender os mistérios e segredinhos com que tentam esconder os erros e omissões que nos trouxeram até a lamentável e humilhante condição atual.

Temos de esclarecer alguns enigmas.

Com a falência de tantas instituições respeitáveis, como ter a necessária confiança no nosso Judiciário, que não pune a grande maioria dos crimes ou infrações, prende aqui e solta ali — não por haver policiais ruins, mas leis abstrusas e descumpridas? Tratamos assassinos de dezesseis anos como crianças de escola primária, nunca chamados de "criminosos" mas de "infratores" — ainda que tenham estuprado e matado de forma abominável meninas quase crianças. Nunca são "presos", mas "apreendidos", nesse jogo de palavras que não consegue mascarar uma realidade contundente.

Entregues a uma utópica ressocialização, serão soltos em no máximo três anos, para cumprir seu desejo, anunciado por um rapazote de quinze anos enquanto apontava a arma para um amigo meu, que lhe perguntou por que fazia aquilo: "Hoje eu tô a fim de matar alguém." (Meu amigo não morreu porque na hora a arma falhou.) Ou como o adolescente que assassinou um médico que andava de bicicleta na Lagoa Rodrigo de Freitas, no Rio de Janeiro, esfaqueando-o tantas vezes (fiquei imaginando a violência e a insanidade) que a vítima caiu no chão "com as vísceras de fora", segundo foi relatado.

Como ter esperança neste país dito civilizado, se o ensino é um dos itens mais esquecidos pelos governos, e se há milhares de crianças sem escola, outras tentando aprender sentadas no chão de terra batida (onde também dormem, porque a distância até a casa é demasiada), aos cuidados dos donos da casa, professor e professora, preocupados porque ali tem "muita cobra e escorpião, que são um perigo"? Como valorizar o estudo se, em pelo menos uma das capitais, grande parte das escolas públicas ainda não recebeu os livros escolares, estando nós já em fim do semestre, e se em tantas outras pelo país faltam professores?

Como entusiasmar os alunos pelo estudo, se a cada dia as coisas são mais facilitadas e é preciso um esforço heroico para ser reprovado, pois se considera que todos têm o mesmo direito a um diploma de ensino médio ou superior, independentemente de trabalho, estudo, dedicação, num ensino que em nada prepara para as realidades da vida?

Como ser saudável, se os postos de saúde e hospitais públicos têm falta de tudo — menos de médico, ou, se isso ocorre, é porque o profissional se desesperou com a impossibilidade de

paisagem brasileira | 67

dar atendimento humano aos doentes —, desde água tratada até panos limpos, estetoscópio, aspirina, maca, luz elétrica, aparelhos básicos?

Como transportar nossos produtos, se a estrutura rodoviária é lendariamente péssima; como chegar ao trabalho se as greves, justas ou não, são nossa rotina diária e, por isso, não temos condução regular? Quanto dinheiro, aliás, se perde a cada greve, porque milhões não chegam ao trabalho? Como ir à escola, ao trabalho, se mulheres com crianças ao colo, velhos e frágeis, caminharão quilômetros até suas casas, exaustos depois de um dia de trabalho, porque trens, para variar, não têm manutenção, os ônibus são impedidos de rodar por manifestações ou greves em geral justas, mas em decorrência das quais boa parte da população sofre direta ou indiretamente?

Como confiar em autoridades que se desmoralizam ao afirmar que o sofrimento atual é um mal necessário, que logo tudo vai estar nos eixos de novo, o país em pleno crescimento — mais uma vez vergonhosamente atribuindo nossos males a fatores externos, alheios, ridículos para quem reflita um pouco?

Como acreditar que haverá conserto a médio prazo, se os mais carentes estão sendo os mais atingidos? Só como exemplo, mais de 20% dos beneficiados com o Minha Casa, Minha Vida estão inadimplentes, e o número crescendo a cada dia, não por maldade direta dos organizadores, mas, uma vez mais, por mau planejamento, inexperiência ou precipitação.

Gastos faraônicos contrastam com casebres, favelas, barracas de lona ou mesmo bancos de praça onde tantos vivem, se não moram em palafitas no Norte e Nordeste, ou debaixo das pontes em grandes cidades, ou mudando eternamente de uma invasão a outra, carregando pedaços de suas casinhas, enquanto seus filhos pegam comida nos lixões, e seus irmãos agonizam em alguma cracolândia.

Por que ainda termos alguma esperança? Porque sem ela não sobrevivemos, porque há brasileiros experientes, competentes e bem-intencionados, e porque os altos cargos mal concedidos não podem ser eternos.

Quem foi, quem é responsável por tão vastos e talvez irrecuperáveis danos? Ou tudo foi um circo de enganos pelos quais ninguém se responsabiliza, porque "ninguém sabia de nada"? Ou ainda, como querem alguns: tudo foi mera fatalidade?

Fatalidades podem ser providenciais: pois nos eximem de culpa e responsabilidade. Foi Deus que quis assim.

"Deus quer assim" deve desaparecer do nosso vocabulário.

Coragem de olhar de frente

Houve um tempo em que se ensinava às crianças, mais inocentes que as de hoje, antes de internet (que por outro lado faz maravilhas), que, se furássemos um poço dias e dias e anos e anos a fio, chegaríamos ao Japão (ou era China?) e estaríamos no meio de crianças orientais de olhos puxados e costumes muito diferentes. Menina de cidade do interior, eu acreditava piamente nisso, o que me deixava encantada. E se eu fizesse um furo, e insistisse, e de repente dali saltasse uma criança de olhos amendoados e fala diferente?

Adulta, descobri que a vida tem outros poços, nem todos divertidos. O país agora afunda como se não tivesse fundo: o

paisagem brasileira | 69

poço dos escândalos nossos de cada dia, o poço da nossa desolação e dos nossos enganos. Percebo que, na pior das situações, raras pessoas encaram a gravidade de tudo. A maioria, talvez para suportar o baque, dá de ombros dizendo que é isso mesmo, as coisas são assim, no Brasil é assim, no mundo inteiro está ficando assim, e afinal "não tem problema".

Propriedades produtivas são invadidas sob proteção (e financiamento) não se sabe de quem, ou sabemos e não temos coragem de comentar. Hordas de mulheres com crianças, brandindo foices e paus, destroem plantações produtivas que lhes dariam alimento abundante e mais barato, combatendo a fome no país e no mundo; laboratórios, frutos de décadas de trabalho e pesquisa, que estavam nos colocando (pasmem!) entre os melhores em produção de alimentos e abrandamento da miséria, são atacados da mesma forma entre gritos e palavras de ordem. Essa gente violenta e destrutiva representa a nossa democracia?

Naturalmente, nenhuma autoridade legal interfere ou prende alguém. Ninguém é responsabilizado. São todos "vítimas da nossa sociedade perversa", nos dizem. Mas "não tem problema".

Vários congressistas faziam maquinações espertas quando ainda acreditávamos neles: não tem problema. Mensaleiros e agora outros corruptos, mais modernos, são investigados e alguns processados, até presos, mas, se nos preocupa a integridade do corajoso juiz que os investiga e pune, alguém interfere: não tem problema.

Juízes do Supremo às vezes tomam atitudes surpreendentes (ou previsíveis?). Pode até parecer esquisito, mas fiquem tranquilos: não tem problema.

Não devemos nos espantar com a generalizada quebra de autoridade. Tudo numa boa, por aqui é assim. Sem estresse, que dá rugas, sem exageros, que a gente vira um chato. Sempre foi assim, no mundo, agora e no passado: não tem problema.

Mas tem problema, sim. Está dramático — e não acontece no mundo inteiro.

A gente se acomoda, se distrai, olha para o outro lado, porque a capacidade de reagir nos foi subliminarmente retirada. Corremos o perigo de um estado geral de desinteresse — e isso contagia feito uma nova doença, uma gripe de derrotados nem sempre suínos. Algo negativo e sombrio perpassa este país, e nem os trios elétricos nem os carnavais ou os discursos com frases de efeito conseguem disfarçar o que é positivo: algo se move, estamos ficando ansiosos. Começamos a nos interessar, a nos manifestar por toda parte: a classe média se junta à menos privilegiada em protestos firmes, e alguma claridade se insinua na alma da gente: entendemos que tem problema, sim, sermos enganados e agora onerados com dívidas que não são as nossas.

É frágil uma democracia na qual pobres e ricos, jovens e velhos, reagem com um dar de ombros quando se fala nesses desmandos — os que sabemos e os piores, que ainda ignoramos. A gente ou sabe ou imagina, e comenta como se fosse engraçado: "Ah, esses políticos! Ora, instituições!".

Tem problema, sim — começamos a admitir saudavelmente. Tem muito problema. Não é normal, não é assim o Brasil, não são assim os brasileiros. A falta de seriedade em altos escalões é uma doença maligna corroendo a alma do Brasil.

Fingíamos não saber, fingíamos nem ligar. Aos mais simples, como as crianças e os jovenzinhos, repetíamos que está tudo bem, tudo em ordem. "Não tem problema." Descrentes e céticos, ou malandros, se protegiam com um precoce cinismo, que afinal é um jeito (pobre) de sobreviver na selva moral.

paisagem brasileira | 71

Senhora Esfinge, se houver respostas, a senhora estará devorada. Mas, se continuarmos alienados, seremos engolidos sem piedade pela nossa própria exausta revolta. Por isso é tão importante entender e afirmar aos quatro ventos: tem problema, sim; tem problema!

O Brasil que queremos

Até certo ponto temos escolhas e somos fruto delas. Não precisamos fingir que somos cegos, nem ter medo de questionar os poderosos que falharam conosco.

Ainda uma vez me permito repetir: numa democracia forte, cada indivíduo é igualmente dono de seu país. Ser dono quer dizer ser responsável, e somos responsáveis por aquilo que sabemos: de momento estamos sabendo de fatos impensáveis, mas reais, e temos de nos portar como quem sabe.

Não podemos aceitar qualquer coisa que nos impõem, a nós que trabalhamos duro na vida diária, que tentamos ser decentes, produtivos, e ensinar nossos filhos a seguir o bom caminho apesar de tantos exemplos estarrecedores.

Podemos, devemos, tentar escolher o país que merecemos. Existe esse país ou vai existir se a gente quiser e trabalhar por isso, começando pela vida pessoal: ser decente e ético, buscar crescer, querer saber e questionar. Não aceitar a exploração, a mentira, a injustiça. E, com esses instrumentos, agir: com palavras, com protestos pacíficos, com conversas, com leituras que nos esclareçam, nem que seja, como já disse, um jornal esquecido num banco de praça.

A gente pode ter um país melhor.

Depende do que a gente quiser.

O certo é que "não queremos mais isso que está aí".

•

Mas, então, o que queremos?

Eu quero um país onde as ruas não sejam um campo de batalha, mas caminho para o trabalho, para a escola, para fazer compras, voltar para casa e se sentir seguro. Quero um país onde não morra mais gente assassinada e em acidentes rodoviários do que nas guerras pelo mundo. Onde casas e edifícios não sejam fortalezas nas quais nos refugiamos amedrontados, com guardas na porta e alarmes prontos para disparar — se tivermos dinheiro suficiente. Se não, moraremos mesmo em bairros pobres ou favelas, vítimas de balas perdidas e da dominação de bandidos e traficantes, admitida pelas mais altas autoridades do setor.

Quero um país onde as instituições não sejam desmanteladas, onde líderes e governos nos deem espaço e nos honrem com sua postura e ações, onde "corrupção" seja uma palavra estranha, não esse pão-nosso-de-cada-dia como agora, que nos faz perder a confiança naquilo que deveria ser nosso estímulo. Quero um país onde se possa confiar nos responsáveis pela condução, pela administração e pelo crescimento dele.

Quero um Brasil justo, esperançoso, progressista, onde o primeiro avanço seja no respeito pelo povo, dos mais privilegiados aos mais despossuídos, pois assim não haverá mais despossuídos: todos poderemos produzir com contentamento, segurança e paz, em qualquer lugar, em qualquer nível, da

paisagem brasileira

mais sofisticada tecnologia, da mais avançada ciência, ao mais simples, mas essencial, trabalho.

Para isso, quero antes de tudo um Brasil onde haja escolas para todos e, assim, menos jovens caiam no crime ou na adição, porque não lhes mostram futuro e possibilidades.

Aliás, quero um Brasil onde o narcotráfico não tenha a inadmissível importância e o poder que agora tem, fortalecido cada vez que um rico se diverte com um cigarrinho de maconha e sua fileira de cocaína em uma festa elegante, ou um infeliz viciado fuma seu crack miseravelmente deitado numa calçada suja.

Podem franzir todas as testas e menear todas as cabeças, mas existe o traficante porque ele tem um cliente que o chama e lhe confere poder. E para isso não vejo, em curto prazo, nenhum remédio além do reforço intensivo (que não teremos) da vigilância e do policiamento de fronteiras, estradas, portos e aeroportos, por onde entram com a maior facilidade drogas e armamentos pesados, tornando os bandidos mais poderosos e eficientes nos crimes do que a polícia que bravamente os combate.

Quero um país onde velhos, grávidas, crianças e carentes não fiquem meses à espera de uma consulta, nem tenham de parir ou morrer na maca ou no chão do corredor do hospital, ou voltar para casa com filhinho doente nos braços, com a informação de que não há nem o mais simples remédio para ajudar. Quero um Brasil onde ser médico não signifique ser explorado, mas dignificado; onde ser professor não seja ser humilhado, mas honrado.

Quero um Brasil onde não se engana o povo ingênuo com estímulos delirantes e promessas irreais, que se acumulam como castelos de areia; onde não nos tratem com mentiras óbvias, mas respondam à nossa confiança com obras reais, com ações visíveis e concretas, e não interesseiras e momentâneas.

lya luft

Quero um Brasil onde haja uma democracia sólida e real, onde o Estado não queira controlar tudo e o privado tenha espaço e respeito; onde nunca se pressione quem expõe sua opinião, onde não se planeje amordaçar a imprensa, projeto eventualmente apresentado e retirado assim que reclamamos; onde todos sejam ouvidos e tratados com cortesia, e atendidos dentro do possível, sem populismo nem autoritarismo, sem grosseria, sem ironia ou sarcasmo, sem desonra nem medo. Pois o medo, a ameaça, o suborno, a exploração da fraqueza, da credulidade ou da indigência ofendem a democracia.

Quero um país integrado no contexto global mais adiantado, não obtuso e à margem do mundo civilizado, não fechado num hipotético Mercosul que não funciona, não anacrônico e tolamente acusando países maiores; não ofuscado pela sede de poder e dominação, mas aberto ao intercâmbio com os países mais livres e mais justos, sendo ouvido, respeitado e admirado por vencer a alienação e o atraso.

Quero um Brasil onde as autoridades deixem de lado o otimismo irresponsável, proponham corrigir a rota e os procedimentos, em lugar de hipocritamente atribuir a culpa a fatores externos, como se fôssemos um povo de imbecis.

Pensávamos que tínhamos visto tudo: estávamos enganados.

Depende de nós. Vai ser uma dura luta; porém, precisamos conquistar algum espaço de esperança e sonho.

A medida do nosso sonho

Numa viagem de trabalho ao Rio, peguei um taxista idoso, e animado, até demais, pois corria daquele jeito que sempre me dá arrepios. Valente, falante, devotadamente dirigia seu carro

paisagem brasileira | 75

aos trancos, e discorria sem parar sobre as belezas da cidade e da vida no Brasil. Nunca se discutem as belezas do Rio, mas, nesta fase de obras e manifestações pululando por toda parte, até respirar fica difícil, quanto mais movimentar-se, cumprir horários e compromissos. O taxista, porém, estava numa felicidade transbordante e falava (cito com todo o respeito, e quero dizer que não são opiniões minhas, mas dele): "Eu acho este tempo de hoje maravilhoso. Todo mundo reclama, mas eu acho muito bom. Sou um matuto, vim para cá aos dezoito anos, tenho setenta e oito, mas ainda sou um matuto. Só que hoje sou um matuto feliz porque, nos primeiros tempos de Rio, eu passava dias sem comer. Hoje estou sempre de barriga cheia, e nos domingos meu filho ainda assa uma picanha."

Essa obsessão pela picanha dominical perpassou todo o seu monólogo.

"Gente como a madame [era eu] e a garota [era a jornalista que me acompanhava] são de outra classe, não entendem isso do povo, o povão como eu. Pra nós não importa se os caras lá de cima estão roubando, se as pessoas piores vão para os postos mais importantes, se os grandes estão mentindo, se o Brasil deve para os estrangeiros. Para nós interessa que a nossa barriga está cheia e nossos filhos estão na escola."

A jornalista tentou argumentar que, muitas vezes, a escola estava em péssimas condições, faltavam professores, cadernos, livros, até giz, mas ele não desistiu do seu entusiasmo: "Isso não importa. Nem que sejam dois dias por semana, meus netos estão na escola, a gente tem barriga cheia, e nos domingos meu filho assa uma picanha."

Pensei que, da sua perspectiva, ele tinha razão, e talvez por isso nada mude tão cedo por aqui. A imensa maioria não lê, não

76 | *lya luft*

só por ser analfabeta ou sem tempo para isso, mas porque pouco lhe significa que agora professores de faculdade de medicina não mais precisarão ter mestrado nem doutorado, e instituições que foram ícones comecem a desmoronar também, pelo desinteresse e abandono do Estado responsável.

Ou simplesmente porque "o dinheiro acabou", e não nos dizem o que foi feito dele. Devíamos saber o que aconteceu, mas mesmo agora temos de tudo isso uma visão vaga e turvada.

Nem todas as instituições sólidas hoje são sólidas; muitas foram deformadas por dispensa ou substituição de profissionais honestos e competentes que insistiam em fornecer e publicar dados verdadeiros mas desfavoráveis ao governo. Informações importantes apareciam com números tão obviamente distorcidos que vários reclamavam alto — o que é raro, pois muitos nem se importam ou têm medo — e logo a informação era corrigida, ou retirada — tudo ficava por isso mesmo. A confiança caía um pouco mais.

Quantos dados essenciais para nossos trabalhos e estudos terão sido um erro antes inadmissível em instituições tão sérias? Apareceu há tempos uma notinha na imprensa dizendo que se pretende começar a cercear o IBGE: seus dados sobre o Brasil não estão agradando. Nomes ilustres e instituições quase sagradas vão se desmanchando no ar.

Quem pensa no Brasil já não sabe o que pensar, quem pensava estar certo se atrapalhou, e nós, que queremos entender, estamos desconcertados.

Somos antipatriotas? Somos apenas mal-humorados?

Talvez as coisas mudem para melhor. Talvez não se consiga nada. Se for assim, o que parece o mais provável diante de manobras, disfarces e maquinações nas sombras, restará para os mais felizes a picanha de domingo.

paisagem brasileira

Um país apunhalado

Somos, nesses tristes demonstrativos em pesquisas internacionais, um dos países mais violentos do mundo.

Aqui, neste Brasil, morrem assassinados por ano mais pessoas do que na guerra do Afeganistão, e em acidentes de carro morrem mais do que morreram americanos em toda a guerra do Vietnã. Para isso colaboram o desemprego, o desânimo, as drogas e a falta de policiamento. Não porque os policiais sejam preguiçosos ou corruptos, como tantos figurões, mas porque têm pouco armamento, pior que o dos criminosos; porque a infausta redução de verbas deixa não só os policiais despreparados e mal armados, mas sem dinheiro para o combustível de suas viaturas (noticia-se que vários helicópteros da polícia estão parados no Rio pelo mesmo motivo) e outras insanidades mais. Enquanto isso, nós nos trancamos em casa, nos sentindo impotentes.

Temos medo de sair às ruas, temos medo de sair à noite, temos medo de ficar em casa sem grades, alarmes e câmeras, temos medo de dar nossa inocente caminhada ou andar de bicicleta por lugares habituais. (Um secretário de Segurança acaba de declarar à imprensa que "procura não sair de casa à noite nem parar no sinal vermelho".)

Não foi sempre assim, pelo menos não com essa intensidade e abrangência.

A violência faz parte da nossa bagagem psíquica, do nosso DNA (como me referi também ao medo do diferente, seu irmão gêmeo), assim como a capacidade de cuidar, de ser solidário e pacífico. Somos esse novelo de dons. Porém, a civilização pode canalizar isso, amordaçar, educar, treinar. Sem esquecer que, na raiz, somos animais predadores.

O equilíbrio, ou desequilíbrio, depende do ambiente familiar, da educação, de exemplos, tendência pessoal, circunstâncias concretas, e algumas escolhas individuais. Do país em que vivemos.

Nossos medos não são fantasiosos: são reais. Notícias de assassinatos por motivo trivial ou sem motivo algum, morte por bala perdida, atropelamento por motorista bêbado ou algum insensato em rachas no meio da noite são tão frequentes na imprensa, e nos comentários de amigos e conhecidos, que nos espantam muito menos do que há alguns anos.

"Outra vez?" A gente acha que está ficando demais, mas alguém sabe como evitar essas tragédias? Ficamos preocupados, sem dormir direito, mas, no dia seguinte, já esquecemos, até que à noite tudo recomeça, balas perdidas, tiroteios nas favelas logo ali ao lado, uma carnificina que faz parte de nosso cotidiano como as notícias sobre o empobrecimento geral.

Haverá remédio? Nunca seremos pacíficos, porque o mundo não é ideal, o ser humano não é perfeito. A indignação, o medo, o desemprego em altíssima escala, a decepção com líderes antes estimados, o sentimento de que fomos traídos e de que sofremos por culpas que não são nossas nos tornam mais sujeitos a explosões de violência, até mesmo assassinas.

Estamos tensos e infelizes. Muitos recorrem às drogas, que os deixam violentos e transtornados, exatamente pela falta de horizonte, autoestima, ocupação e esperança. Isso pode explicar um pouco toda a onda de assaltos e assassinatos, com a nova moda de esfaqueamentos, sobretudo no Rio (que logo vai se espalhar pelo país): em troca de nada, abrem-se ventres e tripas caem no chão. Se o criminoso for menor de idade, escapa tranquilamente, ou aparece no dia seguinte

paisagem brasileira | 79

numa delegacia de menores, acompanhado de psicóloga e alguém dos direitos humanos.

(Faço aqui a pergunta que sempre me incomodou: onde estão os representantes de direitos humanos para as famílias das vítimas, onde estão os advogados que nada lhes cobram — mas alguém está pagando —, onde está quem lhes dê apoio?)

Mas isso que agora vai dominando as cidades grandes e até as interioranas, outrora bucólicas, não precisa ser assim, não precisa permanecer assim: pode-se melhorar, com segurança e educação. Com interesse do governo. Com verbas abundantes bem aplicadas. (As que nos foram roubadas dariam para deixar o país inteiro seguro e progressista, um lugar onde a gente sentisse orgulho de viver e desejo de ficar.)

Leis abstrusas e infinitos recursos legais permitem que criminosos entrem por uma porta da prisão e logo saiam (em geral pela mesma). Presídios parecidos com chiqueiros são escolas de crime e teatros de violência; menores amparados por uma lei arcaica, que considera crianças adolescentes criminosos, ferozes, cruéis e reincidentes, que os trata como pobrezinhos a serem reeducados: vários afirmam, com assustadora frieza, coisas como "matei porque me deu vontade", "vou matar assim que sair daqui".

A filha jovenzinha de conhecidos meus foi assaltada, três da tarde, entregou bolsa e carro, mas, quando se afastava, o bandido, drogado ou simplesmente perverso, lhe deu um tiro nas costas. A menina ficou paraplégica. O animal que a trucidou saiu andando, não foi apanhado, deve estar refocilando na sua nuvem de drogas.

Nós, porém, cada vez mais assustados, nos escondemos em casa, ou ensinamos nossos filhos a saírem à rua só com o "dinheiro para o ladrão", além, talvez, do da passagem, que também deve ser entregue sem resistência ("Não resistam!" — advertem, aliás, as autoridades policiais, ou podem vir a facada, o tiro, a morte.)

Seremos impotentes?

Há desses momentos em que nada entendemos, nem a nós mesmos: nos descobrimos covardes. Ou cautelosos demais. Ou como pobres animais caçados em tempos antigos.

Porque estamos nuns dias difíceis, ou simplesmente porque tudo anda confuso, não entender é natural. Passará, quando as engrenagens da vida ou do país forem postas em funcionamento, sob a direção competente de pessoas honradas e experientes, com a intenção comum, acima de poder e ideologia: que as coisas melhorem radicalmente.

Podemos começar fazendo um questionamento franco: "Quanto você vale? Quanto vale seu partido? Quanto vale seu cargo? Quanto vale seu posto num escalão mais alto? Quanto vale sua deslealdade?"

Começamos a reagir: figuras públicas já não podem sair à rua, pois são apontadas e vaiadas; ocupantes dos mais altos cargos escondem-se em seus palácios, ou aparecem em pequenos eventos, com claques pagas e forte segurança. Quer dizer: se não tomarem providências, a democracia pode ser abalada. É preciso achar um equilíbrio entre a raiva, que deságua em violência, e a resignação, que facilita o crime. É preciso combater a sensação de que não somos nada, não valemos nem podemos nada.

paisagem brasileira

Pois às vezes parece que realmente não temos a menor importância: manadas de seres humanos apinhados nos ônibus e trens, sem o menor conforto, pendurados naquelas alças, esfregados, amassados por tantos outros corpos humanos suados e exaustos, dia após dia, ano após ano, consumindo diariamente duas, quatro horas de seu tempo, sua saúde, sua vida no ir e vir do trabalho em condição sub-humana.

Deslizamentos e enchentes previsíveis e repetidos, mas jamais controlados, inundam ou derrubam casas modestas, matam crianças e velhos, ou famílias inteiras; os bens são todos perdidos, há que recomeçar em geral sem ajuda dos responsáveis, que tudo prometem mas pouco fazem (não há recursos, ou não há planejamento e vontade). Os prejudicados choram, lamentam as perdas, mas acrescentam: "Com a ajuda de Deus, vou mais uma vez começar do zero."

Os indignados e mesmo os mansos, todos quereriam mudar dali, se pudessem. Ou melhor: se soubessem o que fazer. Não temos a quem nos queixar. Quando muito nos dizem que foi nomeado mais um grupo de trabalho inútil, um projeto aleatório e jamais realizado, um documento empilhado sobre dezenas de outros que há muitos anos mofam engavetados por comissões no Congresso, paraíso dos adiamentos, dos projetos vazios e das gavetas cheias.

Podemos não ser caçados por bandidos, como coelhos, pelas ruas dia e noite, podemos viver em morros sem nos enfiarmos embaixo da cama nos frequentes tiroteios, podemos ter água para beber, cozinhar e tomar banho, e energia elétrica para o chuveiro, o ventilador, a luz da casa. Podemos uma porção de coisas melhores em nossas tumultuadas vidas. Podemos ser mais confiantes e mais altivos. Podemos. Não

lya luft

sabemos para que lado nos virar, onde procurar, a quem recorrer — mas começamos a suspeitar que poderíamos mudar essa situação.

Talvez a esperança não esteja em revoltar-se, atacar, destruir, mas em um gesto simples, breve, pequeno, transformador — desde que a gente saiba o que está fazendo, o que deve fazer: o "voto".

Porém, uma imensa maioria de nós, embora adultos, nem sabe ler. Outra boa parte da população, se sabe ler, não tem energia, interesse, tempo, instrução suficiente para se dedicar a esses assuntos e se informar, e debater, e descobrir algum nome a quem confiar esse voto.

De modo que, levados pelas corredeiras eleitorais ilegalmente em curso, ainda que disfarçadas, provavelmente muitos — que cedo se arrependerão, pois ignoravam a força de seu ato — outra vez votarão em nomes que não conhecem, que não levam a sério, de que nunca ouviram falar, ou nos velhos nomes que chegam montados em promessas impossíveis e falações vãs, em que um povo cansado e desinformado ainda poderá acreditar. Por estarmos tão cansados, suados, desanimados, ou zangados mas sem lucidez, eles vão receber, na hora grave de uma eleição, o apoio de quem parou um instante no posto da ilusão e digitou um número, um nome, uma sigla, um destino seu, que acabará não significando nada.

Apesar de tudo, começo a ouvir vozes impacientes e indignadas, bradando:

"Isso que está aí, nós não queremos mais!"

Por isso não estou totalmente pessimista.

paisagem brasileira | 83

Este é um tempo de guerreiros

Estamos boquiabertos diante das revelações, investigações e da apresentação dos suspeitos da corrupção e desvios que solaparam o Brasil. Aqui e ali vemos confissões assombrosas, frias ou constrangidas, e muitos protestos de inocência — ah!, a inocência com seus redondos olhos infantis. Foi preciso agir mal para continuar na competição, ou os pobres operários, e os acionistas, iriam pagar. (Agora pagamos nós.)

As coisas realmente vão mudar? Há quem não tenha preço e não se venda? Há quem resista à perseguição ou ameaça? E se tantos altos postos no país foram ocupados por razões políticas ou pecuniárias, haverá gente suficiente para limpar o recinto e começar a transformar o país?

Vai levar tempo para mudar, dizem os mais sérios. Pelo curso das atividades no Congresso, pelo jogo de trocas e favorecimentos e pagamentos dissimulados, pouco ou nada vai se transformar.

Quanto tempo? O tempo de ainda vermos tudo mudado no tempo da nossa vida? Depende dos anos que nos estão reservados, e isso só os deuses sabem. A nós, comuns mortais, resta torcer, esperar, agir decentemente na vida pessoal, no trabalho, na turma, na família, com nós mesmos. Poder olhar a cara limpa no espelho cada manhã e sentir-se bem: não tenho preço, sou dos que não se vendem. Somos muitos, neste vasto território: os que não usufruíram, mas pagam.

Vou tomar em paz o café, pegar o ônibus de sardinhas em lata, subir no trem atrasado, ou que vai quebrar logo adiante, não ter água, e não ter luz, os preços subindo, o trabalho rareando, mas, mesmo assim, ter esperança: com gente séria, as coisas devagarinho vão melhorar, sobretudo a confiança — senhora que tem andado tão anêmica.

Aos poucos, se os deuses permitirem, se os homens conseguirem, se a lei prevalecer, e a decência, se as feridas forem reveladas e tratadas, e começarem a curar, se mais homens de bem ocuparem os postos mais importantes, se pudermos de novo olhar para a frente sem nos envergonharmos, aí possivelmente teremos um país convalescendo da longa e lenta enfermidade que nos debilita agora.

•

"Nesta fase de notícias negativas, escreva sobre que mundo estamos deixando para nossas crianças, pois vai nascer minha primeira neta, e essa questão se tornou premente em minha vida", pede alguém.

Pois é. Criança tem esse dom de nos dar um belo susto existencial: abala as estruturas da nossa conformidade, nos põe em alerta, nos deixa ansiosos: o que estou fazendo por ela, o que posso fazer por ela, quem devo ser ou me tornar para ser um bem para esse neto ou neta, filho ou filha, não importa?

Aqui, com minhas crianças, as de minha família, ou as que passam comigo algumas horas, quem eu deveria ser? Gentil mas firme, com autoridade bondosa, bem-informada, atenta, irradiando alegria, mas também sendo exigente; enfim, sendo dedicada? Se forem dezenas de crianças como numa escola, isso tudo se torna mais amplo e muito mais complicado. Seja como for, que Brasil estamos vislumbrando, que legado vamos deixar para as crianças, se nada mudar drasticamente? Vamos imaginar que elas não tenham de presenciar espetáculos degradantes

paisagem brasileira | 85

de corrupção, de favorecimentos escandalosos, melancólicos jogos de interesse ou de apego ao poder.

A pátria de agora adoeceu como amigos queridos ficam doentes, pessoas amadas se vão, para muitos o emprego também, e a esperança, nestes tempos tão graves. O amor se perdeu para alguns, traição ou simplesmente desencanto e tédio. Família complicada — e qual não tem seus dramas ou dilemas? Mesmo assim, é o chão sobre o qual aprendemos a caminhar; nele se desenha o perfil que buscaremos realizar em nós. É sério o papel desse grupo, às vezes uma pessoa só, que chamamos "nossa família": aqueles de quem sabemos — ou de quem esperamos — que, mesmo quando não nos entendem, nos respeitam e nos amam.

O país, a nação, a pátria, é uma família estendida: também dela deveríamos poder esperar apoio, oportunidades, caminhos. Não tem sido assim, mas a gente precisa descobrir em si alguma energia, recusando os óculos da ilusão, mas não abafando aquele fiozinho de voz e de esperança. Sempre se pode caminhar ao sol, num otimismo nem delirante nem tolo, porém aquele dos guerreiros — que é o legítimo.

•

A vida é para ser vivida e, mais que isso, para ser administrada, para ser domada, com nossas escolhas, muitas vezes com luta feroz... O mesmo acontece com um país: deve ser observado, ajudado, administrado, feitas escolhas lúcidas pelos seus habitantes. Pois, sinto muito, não somos sempre, nem mesmo agora, no Brasil, vítimas de fatalidades, mas de equívocos de um lado e crimes de outro, bem planejados, muito bem executados, quase perfeitamente escondidos debaixo dos narizes dos incompetentes ou dos nossos próprios, desinteressados e ingênuos.

(Quero registrar aqui o uso "moderno", como um apelido quase afetuoso do termo *malfeitos*, eufemismo mascarando a palavra correta: "crimes", erros gravíssimos.)

Sofremos por causa da apatia dos omissos — que são cúmplices — ou de dissimulados participantes. Todos são igualmente responsáveis. Cada um à sua maneira cometeu algum crime contra o Brasil e contra seu povo. E isso não há como adoçar.

Se queremos mudanças, não basta apontar os responsáveis, mas começar pela nossa própria vida. Este momento se parece com aquelas datas marcadas que tantos desprezam, em que fazemos um exame da nossa vida e nossas façanhas, a famosa lista: vou casar, vou separar, vou ter filho, vou emagrecer, vou pedir demissão, vou fazer faculdade, ou aquela ilusão do "vou fazer a lipo, o *lifting*, vou ficar linda e amada, vou ganhar na megassena, vou ser rico e feliz".

Listas pouco produtivas.

A escolha melhor é parecida com "vou parar de beber, e a partir de agora nem uma gota". Grupo de AA, terapia, seja o que for, a base de tudo será a força de vontade, que assusta e dá vontade de sair correndo. "Vou parar de fumar, aquele de uma hora atrás foi o derradeiro." A grande maioria não consegue. Alguns tentam várias vezes. Um ou outro, enfim, fica firme e começa a contagem positiva: faz um ano, faz cinco anos, faz dez anos que não bebo, não fumo, não uso drogas. São todos, cada um a seu jeito, guerreiros.

Também podemos olhar por cima do muro de nossa casa, ou espiar da janela de nosso apartamento, e ver a rua, a comunidade, o país: este Brasil agora tão dilapidado, tudo de cabeça para baixo, também precisa de guerreiros.

paisagem brasileira

Guerreiros somos todos nós, os que vivem seu cotidiano sem grandes lances, sem espetáculo nem burburinho. Temos de ser guerreiros para conquistar, cultivar, preservar amores, amizades, trabalho, autoestima, visão de mundo — porque isso também faz parte: uma filosofia de vida, que significa valores, incluindo uma postura crítica com relação ao Brasil.

•

As opiniões mais esquisitas são emitidas em relação à corrução brasileira, desde sanguessugas (alguém ainda se lembra disso?) e mensaleiros ao agora petrolão, e outros casos que vão aparecendo sob a lupa dos investigadores, que trabalham com uma competência e um afinco que teriam deixado o país em bem outra situação se contagiassem um pouco autoridades, governantes, políticos e assemelhados.

Guerreiros não são apenas juízes que prendem figurões corruptos: somos todos nós.

Qualquer ideia de moral ou moralidade pareceria de outro planeta, motivo de espanto ou riso, para esses senhores do crime e príncipes da impunidade. Mas esta pode não durar muito tempo mais: talvez ainda se possa reabilitar neste país, que é o nosso, o conceito e a vivência de lei, de justiça e de moral. ("Ética" me parece nobre demais para ser usada nesse contexto.)

Moralidade

Moralidade e imoralidade nos conduzem e nos definem. Para entender isso, precisamos refletir. Dá trabalho! — reclamam alguns. Um tédio, dizem outros. Desejo de refletir e de buscar informação é luxo num país de tantos analfabetos, ou de exaustos de trabalhar demais e ganhar de menos. E agora as dívidas — ah, as dívidas nossas de cada dia, de cada momento, de cada suspiro.

Ninguém tem energia ou tempo para pensar e questionar sobre certo ou errado. Mal temos energia para o banho, o beijo rápido nos filhos, e cama com pesadelos. Cansados demais para pensar, procurar responsáveis ou soluções, se as próprias autoridades ditas competentes parecem não saber o que pensar e se contradizem, ou se atacam, pouco dissimulados, antes abertamente, talvez no desespero da batalha que não terá vencedores.

E eu — a quem desde criança ensinaram que cabeça não é só para separar orelhas, mas para pensar — neste momento não sei o que pensar. Muito menos o que responder quando interminavelmente me perguntam o que estou achando, como estou me sentindo.

Digo que também estou assustada; que a cada dia me espanto; que me sinto aviltada e traída; mas que ainda tenho esperança. Discreta, é verdade, que não é tempo de dar pulinhos. Mas algumas coisas estão mudando — ah, sim.

Este já foi o país dos trouxas, que pagam impostos altíssimos e quase nada recebem em troca; o país dos bobos, que não distinguem um homem honrado dum patife, uma ação pelo bem geral de uma manobra para encher o bolso ou galgar mais um degrauzinho no poder, a qualquer custo; o país dos mistérios, onde quem é responsável não sabe de nada. Não há lugar totalmente confiável. Nós, povo que se deixava enganar tão facilmente, que pouco se informou e agora paga caro, estamos pelo menos começando a nos cansar. Começando a reparar no que acontece no cenário da política, Congresso

paisagem brasileira | 89

em alta, discussões, brigas, reformas, votações, adiamentos. "Nada vai mudar", dizem os céticos ou os experientes. "Falta moralidade."

Ela é a decência humana fundamental, na vida cotidiana, esses pequenos atos em que somos corretos ou cafajestes. Dispensa teorias, mas é a base de qualquer convívio e ordem social. Embora não necessariamente escrita, está contida também nas leis tão mal cumpridas do país. Todos a conhecem em seus traços mais largos, alguns a praticam.

Moralidade é compostura. É exercer autoridade externa fundamentada em autoridade moral. É fiscalizar o cumprimento das leis sem ser policialesco. É respeitar as regras sem ser uma alma subalterna. Pode ser difícil, num país onde o desregramento impera. Exige grande coragem dizer *não* quando a tentação (de roubar, de enganar, ou de compactuar com tudo isso) nos assedia também de cima. Pensamos: "Se ele pode, por que eu não?"

Porque não.

Comentei no começo deste livrinho o quanto me impressionou ouvir um grande empresário dizer com naturalidade, em seu depoimento, que fez o que todos faziam, ou suas empresas ficariam de fora da grande máquina de dinheiro sujo. E seus funcionários, os acionistas, fornecedores e clientes, e ele? "E a minha família, como ficaria?" — ainda perguntou lacrimoso. Alguns outros seguiram a mesma ladainha.

E o mais triste é que, do seu ponto de vista, da sua turma, da sua gente, ele tem razão: se todos ou quase todos tiravam tamanhas vantagens, por que só ele seria o soldado do passo certo, financeiramente prejudicado — e a moralidade a gente esmagava pisando na lama?

Se, num indivíduo, ter moral é seguir as simples regras da decência e do comportamento justo, na gerência de um país tudo se multiplica e deveria transcorrer aos olhos de todos. Interesse pelo bem do povo não é assistencialismo, muito menos assistencialismo de um lado e largas fraudes pecuniárias de outro — com o dinheiro que faria desse mesmo povo dono de bens que lhe davam como bondade.

Democracia é permitir que os indivíduos cresçam e prosperem, dando-lhes condições para isso. É também, como referi no começo deste livro, auxiliar os mais necessitados, mas, ao mesmo tempo, como deveria ocorrer com o Bolsa Família, por exemplo, fazer isso com algum prazo definido, tempo no qual seriam oferecidos aos beneficiados estudo, preparo, aprendizado de algum ofício e emprego. Um Estado atento, que estimula; não paternalista, que controla.

A imoralidade se expandiu como um vírus ativo num corpo frágil e atacou de todos os lados, também os mais comuns de nós, de um jeito ou de outro, ainda que só no pensamento. Um conhecido autor de novelas se confessou surpreso porque os telespectadores torcem pelos personagens malandros, que dão ibope, e os honrados passaram a ser os "malas".

Talvez a falta de autoridades honradas desestimule a honradez.

É bom pensar. É bom não achar graça dessa historieta verdadeira sobre novelas e Ibope. É bom levar muito a sério o que é sério de momento, o crime que fica longe das favelas e das cadeias comuns. O preço de sermos, aos olhos de muitos no mundo, o distraído país da traição espalhada e da malandragem consentida começa a ser alto demais.

paisagem brasileira | 91

Pequenas lealdades, grandes traições

Desanimadora a ciranda de trocas e silêncios, minueto de rasteiras ou louvores entre políticos, mudanças de partido ou apoio nem muito disfarçado ao partido do vizinho, punhaladas nas costas, e o país afundando, enquanto nós vemos, boquiabertos, o espetáculo nada honroso.

Já relatei, em algum livro, a saga de um de meus parentes que, nos remotos tempos da minha meninice, mudou de partido uma vez em sua vida — era deputado — porque, no novo, teve possibilidades de construir um hospital para a sua comunidade. Nunca mais confiaram nele inteiramente: era um vira-casaca. Naquele tempo, lealdade e integridade eram moeda corrente.

Lealdade era questão de vida ou morte. Primeiro, porque não havia mais que uns três partidos; segundo, porque existia algo raríssimo hoje em dia: honra. Havia uma estrutura moral e uma ideologia por trás das atitudes pessoais e públicas. Mudar, até mesmo de escola, era raro e difícil. A gente confiava nas instituições e nas pessoas que tinham autoridade. Pois havia autoridade. Era rígido? Era. Mas andávamos menos confusos e menos perdidos do que agora, dançando numa festa no alegre arraial.

Não sou do tipo nostálgico.

Coisas que passaram e pessoas que perdi estão comigo, nas belas memórias e no sustento emocional que ainda me dão. Cansei de dizer que uma infância amorosa e ordenada (não uma infância rica, privilegiada) é o chão pelo qual caminharemos até a velhice. Nossa aventura existencial terá mais ou menos chances na medida em que esse chão for confiável. Assim, o momento atual da nossa política, envolvendo cultura, economia, justiça e

lya luft

o mais, vai determinar em parte como será nosso futuro. Nós, do gari ao ministro, ajudamos a escolher como ele será.

Não acho que tudo era melhor há cinquenta anos. Ao contrário, hoje vivemos mais, podemos viver melhor, sabemos muito mais coisas (algumas seria melhor não saber), as distâncias encolheram: posso me comunicar com pessoas queridas do outro lado do país ou do mundo como se estivessem aqui. Podemos ser mais saudáveis e podemos conviver de formas mais generosas. As transformações sociais, os usos, costumes, a família, os relacionamentos em geral, proporcionam abertura e multiplicidade de afetos, novas escolhas, novos convívios.

Mais violência, sim. Mas creio que, nos tempos feudais, a vida não devia ser grande coisa, exceto para os donos dos feudos. Miséria, imundície, doença, mortes prematuras e sujeição às manias e loucuras dos senhores matavam muito mais. O que nos falta, o que está à beira da morte, o que nos punge e pune, e nos desorienta ou desanima é a falta de uma linha de conduta, de uma ideia-mãe, de uma postura. Aliás, nos falta compostura. Como confiar em líderes que se vendem tão facilmente, que riem da confiança neles depositada pelo voto, e não ligam para a respeitabilidade de seus eventuais cargos não eletivos?

"Você agora deu para ser negativa", me disse alguém. Talvez nesta fase, mais que de costume, eu esteja preocupada e queixosa. Somos uns eternos queixosos: a mulher é implicante, a sogra, uma bruxa, o marido, um chato, a professora, um porre, o filho, um tormento, o patrão, um explorador. Mas, ao mesmo tempo, quase nada fazemos para mudar as coisas. Ficamos resignados, de mau humor, negativos e atraindo coisas negativas. Universidades e escolas, hospitais, estradas, segurança estão pobres e podres, se me permitem repetir a expressão. Só um demente

paisagem brasileira | 93

não enxerga isso, ou alguém cego por óculos fantasiosos. Todo mundo queixoso, mas, em geral, dando de ombros, só agora aos poucos começando a protestar: "Assim, não!"

A gente precisaria de uma boa reflexão para descobrir o que quer, e preparar-se, porque, neste momento, não parece que os responsáveis queiram corrigir e mudar muita coisa. Continuam a acusar os problemas internacionais, a seca, a chuva, quem sabe os jornalistas, os Estados Unidos ou outra bobagem.

Ah, ia esquecendo: a "elite branca", tão fácil de acusar por quem, além de ser branco, está riquíssimo, goza dos maiores benefícios e incita o povo pobre e iletrado a se rebelar contra o fantasma sem corpo de um inimigo inexistente, em lugar de lhe garantir todos os direitos que convêm aos membros de uma nação soberana — começando por informação e altivez.

Imagino que essa postura vá cansar, vá se desgastar e começar a provocar mais vaias onde quer que apareçam os que assim pensam e falam — pois vários já não podem aparecer em público: a democracia desperta.

•

Por mais que eu reflita e escreva sobre a situação do país, faltam palavras e sobram dúvidas: má gestão, linha de pensamento falseada, omissão ou cumplicidade diante de erros e crimes, roubar do povo direitos e bens, dando em troca desculpas e inverdades, e toda uma infraestrutura concreta e moral que está se esfacelando. Pois com a confiança vem o sentimento de pertença, ou, para usar uma expressão nova, de estar na nossa *zona de conforto*. Há algum tempo este país não é zona de conforto de ninguém que observe e reflita. Ninguém, que sinta as limitações em qualidade de vida e de trabalho, e sobretudo de otimismo e esperança, ninguém escapará do empobrecimento, que, já admitem alguns figurões, pode ser prolongado, prolongada a luta pela recuperação do desastre.

Metidos num círculo de incertezas, indagamos uns aos outros: quem afinal nos governa? Quem nos assiste, nos orienta, nos permite crescer, não com promessas sempre falhadas, projetos grandiloquentes nunca concretizados ou logo abandonados, falsos e interesseiros favores, mas com possibilidades e liberdades para divisar e conquistar novos horizontes e excelência em tudo isso que dá a um povo a certeza de estar num país que é a sua pátria — o seu lar expandido?

Política é mais do que as trapalhadas maliciosas ou crimes sem pudor que hoje presenciamos: são as escolhas que cada um faz para a pátria que deseja, sobre fundamentos sólidos, para todos, com representantes escolhidos por voto espontâneo, bem pensado, e totalmente livre numa democracia em que o Estado interfira pouco e administre otimamente.

E é nisso que talvez a gente possa apostar, e cultivar algum otimismo, mas sem nos deixar iludir outra vez.

paisagem brasileira | 95

4 | *Sem ilusões*

Palavras com máscaras

É bom a gente usar palavras exatas e posturas claras e eficazes, sem espadas de ilusão ou purpurinas paralisantes — desde que não se tenha medo da verdade. Sem retórica cínica, sem disfarces covardes, limpando o terreno, corrigindo erros e danos, em lugar de perigosamente dançar à beira de um abismo.

Pois este tem sido um tempo de mentiras: palavras não são o que eram, e seus significados se perdem na dissimulação, sobretudo de personalidades públicas que temem a verdade. E, porque a temem, procuram disfarçá-la, e travesti-la, como se todos fôssemos meninos imaturos. (Atenção: nem todos os brasileiros são meninos anêmicos e famintos.)

Mascarados, muitos termos se tornam pomposos, enfeitando o flagelo que nos assola e transformando o país numa imensa engrenagem sem manutenção, que enferrujou e ameaça afundar.

Como já comentei, reina na vida pública um estranho medo de palavras que viraram tabus. Isso ocorre normalmente na vida cotidiana, quando procuramos evitar os nomes de enfermidades que nos amedrontam — como se, pronunciadas, pudessem nos contaminar. O diabo tem centenas de apelidos — um dos encantos na minha obra predileta, *Grande sertão*, de Guimarães Rosa, é ver os nomes que lhe dão, sobretudo no interior, "Coisa

paisagem brasileira

Ruim", "Renegado" e outros: é a poderosa e colorida imaginação do povo, criativa como a das crianças.

Atualmente, "recessão", "apagão" e "racionamento" são alguns dos malditos, e inventa-se para eles nomes (inverdades) menos agressivos.

"Corte", então, nem falar: foi rebatizado tolamente de "contingenciamento": mas assalta nosso bolso da mesma forma cruel. Todos estamos empobrecidos, inúmeras empresas fechando, milhares de operários e funcionários sendo demitidos, outros milhares em suspeitas férias cujo resultado tão temido quase sempre é a demissão na hora da volta. Indústria e comércio quase parados; confiança rala como se passasse fome.

Concessões procura disfarçar *privatizações*, e só enganam os mais ignorantes, embora quase todos as empreguem, por medo de desagradar a quem está no comando da grande nau a perigo. Palavras de cara exposta, no que gostam de chamar "transparência", ajudariam a fazer sofrer menos? Não creio. O pior é sermos enganados e desrespeitados. Só a verdade pode criar confiança, quando vem de uma autoridade que tem de ser fundamentada em experiência, sabedoria, competência e honradez. Disso andamos carentes.

•

Qualquer sucesso nas tentativas de consertar nossa economia enferma — porque a fizeram adoecer — e nossa moral debilitada — porque abalaram a nossa confiança — será um curativo sobre um grande corpo que sofre, ferido e febril. Seriam necessários muitos vultos competentes e bem-intencionados, independentes de qualquer governo e política, atuando em favor do país.

Quem, onde, como?

Esperemos que, apesar dos problemas (nós não sabemos da missa nem 18 avos), este povo não seja mais massacrado (sabemos que será), a nação não passe mais vexames nem caia na treva do apagão geral.

Temos uma decisão a tomar: eu, você, todos nós, não importa a classe social, a raça, o credo, a sexualidade. Hoje, aqui, em nossa vida pessoal, para começar, tentando ser decentes e alertas, esperançosos sem ser tolos, responsáveis porque inconformados, presentes porque nos manifestando, e conscientes de que, se hoje achamos tudo estranho e precário, da próxima vez votaremos direito. Todos somos responsáveis pelo que vai acontecer: mudança para tentar melhorar, corrigir erros de rota, ou continuar caindo, perdendo, sendo isolados, marchando contra as rodas da história. O país está com a respiração suspensa: é hora de escutar, como se fosse um oceano, o rumor do susto, do cansaço e do desejo das gentes brasileiras, querendo algo melhor para si e seus filhos e para muitas futuras gerações.

Porque o caminho da recuperação, se tomado, não será breve; será sofrido: disso já sabemos. Há muito a recuperar, curar, cicatrizar e limpar. Todo um criterioso, desagradável, insalubre processo de desinfecção.

Recentemente ouviu-se uma frase cínica, que me impactou pelo realismo, e eu a citei no começo deste livro: "O Brasil é movido a corrupção. Parando a corrupção, como estão fazendo agora, para o Brasil. Pois o Brasil está parado."

Nesse jogo não há inocentes.

Não somos, não precisamos ser indigentes morais nem tolos a ponto de uma frase como essa acima nos deixar boquiabertos: "Não é que era mesmo assim?" Era assim, mas parece que esta-

paisagem brasileira | 101

mos chegando a um limite de tolerância, cabeças pensantes e espíritos honrados entendem que é preciso fazer alguma coisa definitiva e rápida para salvar o que pode ser salvo. Acomodação e inércia eram confortáveis — esse tempo passou.

A poeira da leniência e da indiferença começaria a cobrir tudo: no fim não enxergaríamos nesse nevoeiro, que não nos deixaria respirar. Nem livres nem lúcidos, nem informados nem contestadores, pagaríamos um preço alto demais, o sacrifício da liberdade e do progresso, o da estabilidade e do respeito geral neste mundo globalizado.

Dos intelectuais aos operários, dos remediados aos miseráveis, dos ricos aos que mal conseguem pagar as contas, todos fazemos a história deste país. E que venham os honrados, pois dos desonestos estamos fartos.

Algumas mazelas e umas poucas cifras

Eu preferia estar escrevendo um romance sobre a aventura existencial humana, como tanto já fiz; breves crônicas objetivas ou poemas sutis. Porém, a realidade sobre a qual tento me comunicar é um drama muito mais extenso, um problema de difícil solução e um caminho cheio de incertezas. Se tenho voz, devo falar, escrever, bradar, sair da minha comodidade, e escrever.

Nem todas as cifras que obtemos, que consegui com PNAD ou IBGE, seja pela imprensa, seja pela internet, coincidem, pois dependem da instituição que as fornece, e estatísticas não são um forte do Brasil. Além disso, com certa frequência, números que desfavorecem o Estado são maquiados ou retirados.

102 | *Iya luft*

É evidente, porém, que a educação está enferma. Só para citar alguns dados, apenas um terço dos brasileiros em idade escolar vai à escola regularmente. Segundo a Unesco, somos o oitavo país com mais analfabetos no mundo, e 38% dos analfabetos na América Latina são brasileiros.

Em 2014, havia 14 milhões de analfabetos no país, mas esse número deve ser muito maior se entendermos que alfabetizado não é o que assina o nome, mas o que assina o nome num papel que leu e entendeu. Deve-se ter em vista que um grande número de escolas em regiões mais remotas são tão precárias que não podem funcionar, ficam tão distantes da maior parte das cabanas ou casebres que ninguém as pode alcançar a pé, e não há transporte, muito menos escolar, e que em algumas nunca chegou professor, e que, quando há escola, não há quadro-negro, giz, cadernos ou mesmo livros.

Certamente estaríamos mais bem colocados no mundo civilizado com boa escolaridade para todos, sem exceção — o que é dever do Estado. Estaríamos informados e votaríamos conscientemente, não em troca de dentaduras, latinhas de cerveja, sanduíche de mortadela, boné e camiseta, e promessas vazias.

É terrível observar a saúde, que agoniza. Se a mortalidade infantil caiu muito nas últimas décadas, ainda é alta em relação aos países avançados, e a situação é grave. Nem preciso descrever, pois todos conhecemos essa realidade, ou pela própria carne ou pelas notícias da imprensa: multidões esperando horas e dias em postos de saúde e hospitais públicos, onde, quando chega sua vez, não há camas nem catres; onde esperam, ali mesmo, e morrem, ou dão à luz, no chão, sobre um lençol já usado, milhares de seres humanos desvalidos. Não há aspirina, não há termômetro, não há estetoscópio, não há médico. Porque eles

paisagem brasileira | 103

são insuficientes precisamos importar médicos estrangeiros? Não: porque não há concursos para médicos no serviço público, com carreira planejada, salário razoável e condições de trabalho atraentes porque dignas.

E quando há profissionais, frequentemente não há condições mínimas de trabalho. Já vi médicos e médicas chorando ao dizer que não havia nem água tratada para dar a uma criança seriamente doente.

Moradia: segundo o IBGE, em 2012 metade das casas no Brasil tinha condições inadequadas de habitabilidade — isso significa falta de esgoto, água tratada, coleta de lixo. (Voltaremos a isso a seguir, falando em saneamento básico.)

O programa Minha Casa, Minha Vida, como tantos anunciados com grande alarde, em seguida apresentou problemas consideráveis, como obras tão malfeitas que, antes mesmo de habitadas, tinham falhas estruturais sérias, que impediam que os moradores sequer as habitassem; e vários projetos ficaram só no papel, ou, iniciados, foram interrompidos, alguns construídos em áreas proibidas, como zonas protegidas por leis ambientais ou à beira de barragens; e, atualmente, com as dificuldades financeiras crescentes, milhares de beneficiários já estão inadimplentes, sobretudo os mais pobres, que não conseguem pagar a prestação de oitenta reais.

Com as casinhas, veio — agora suspenso — o programa Minha Casa Melhor: milhares e milhares de pessoas entraram nele achando que aqueles móveis, como TV de tela plana, fogão, geladeira e tudo o mais, estavam lhes sendo dados de graça: mais uma amostra da tragédia daqueles para quem a ordem pouco tempo atrás era consumir, estimulados aos brados nas rádios, televisões e comícios: "Comprem seu carro, troquem sua geladeira e sua TV, não deem ouvidos à elite branca de olhos azuis que não quer que vocês tenham nada." A inadimplência foi enorme, como esperado, e fechou-se o funesto programa. Havia, por trás dele, vontade legítima de ajudar os pobres? É até possível que sim, mas ainda uma vez a gestão foi fatídica: que país é este? Pobres dos pobres agora nas filas de devedores, sem entender direito o que lhes aconteceu.

Infraestrutura: não é preciso ser economista para calcular quanto de nossa produção não escoa, ou escoa muito mal e lentamente, quanto de riqueza se perde porque não temos estradas suficientes nem bem-cuidadas, porque ferrovias e hidrovias são poucas, sem manutenção e igualmente mal aproveitadas; porque falta planejamento, e quando o anunciam ele é fantasioso: pontes onde não há estradas, estradas interrompidas em rios sem pontes, estádios faraônicos agora vazios, usinas gigantescas abandonadas, e tantas regiões miseráveis do Brasil, onde essas fortunas, se bem aplicadas, mudariam as condições de vida de milhares.

O saneamento básico, aos cuidados do Ministério das Cidades, é talvez a condição mais trágica do povo brasileiro. Inclui água tratada e esgoto, além de coleta de lixo, isto é, higiene, limpeza, saúde. Sua falta produz epidemias, infecções intestinais, anemia, toda sorte de parasitas, ainda mais onde o esgoto é a céu aberto, as crianças brincam nele ou junto dele, e a água para uso doméstico vem de poças estagnadas. Segundo o Instituto Trata Brasil, em 2014, analisados duzentos países, ocupamos o 112º lugar entre os piores nessa matéria. Segundo o Ministério das Cidades, no mesmo ano, só 46% dos brasileiros tinham coleta de esgoto e, deles, menos de 40% dos dejetos recebiam tratamento em estações para esse fim. No ritmo em

paisagem brasileira | 105

que a situação está melhorando, com investimentos federais, levaríamos quase cinquenta anos para oferecer saneamento para todos os brasileiros.

A segurança é uma das nossas maiores tragédias. Morrem anualmente mais de setenta mil brasileiros vítimas de violência gratuita, mais do que morreram americanos em toda a guerra do Vietnã. Esse número aumenta a cada mês, sem esperança de solução rápida. Não falando das mortes no trânsito, mais de cinquenta ou sessenta mil ao ano, registradas na hora do acidente, excluindo, pois, as mortes posteriores, em casa ou num hospital. Violência no trânsito e crimes à solta, estamos quase numa guerra civil: o narcotráfico comanda; bandos de jovens vagam pelas ruas, sem escola, sem esporte, sem orientação; detentos perigosos soltos voltam a matar, adolescentes assassinos fogem a tentativas irreais de "socialização" e livremente estupram, roubam, matam, sem remorso ou desejo de sair dessa vida de crimes.

Quem cuida das famílias desesperadas dos inocentes mortos? Brada-se em favor das famílias dos bandidos presos, o que é justo, mas nós, que cumprimos as leis, que produzimos bens, que tentamos levar à frente este barco avariado, por nós quem batalha nessa confusa guerra por mais e mais poder, mais e mais dinheiro, mais ideias anacrônicas?

O desemprego está em alta, e não vai parar de crescer tão cedo, diante das dificuldades que enfrentam indústria, comércio, serviços e outros. Neste momento, já são muitas centenas de milhares sem trabalho formal — o número tende a aumentar; dados recentes indicam que, nos próximos meses, cerca de 45 mil pequenas e médias empresas vão fechar, ocasionando mais de 250 mil novos desempregados. O corte de financiamentos, a inflação sem controle, embora o governo afirme o contrário, a indústria demitindo em números altíssimos e o comércio, o setor de serviços e outros vários fechando estabelecimentos ou reduzindo o quadro de operários e funcionários (incluindo domésticos, devido às novas regras que oneram grandemente o empregador) colocarão nas ruas em breve multidões insatisfeitas, indignadas, desesperançadas, vagando pelas cidades, talvez gerando mais violência. Oito milhões de desempregados é o dado mais recente, mas só as montadoras de veículos colocam centenas de milhares de funcionários em férias coletivas ou semelhantes (que quase sempre resultam em demissões, muitas vezes anunciadas por e-mail ou telegrama).

A economia do país está à deriva, pelo apego ao poder, pela ideologia e pela política, comandando os mais variados setores da vida do país, vários anos de erros de toda sorte e falta de controle, pela negativa a encarar a realïdade, e a insistência num otimismo improdutivo — nada inocente. Prejuízos de investimentos errados, imprudentes e inadequados aos poucos se revelam como causa do crescente empobrecimento da nação. Só na Petrobras — agora em evidência pelos escândalos — o prejuízo foi de 6,2 bilhões por causa da corrupção, mais 21 bilhões por má gestão. São dados oficiais, e ouso dizer que talvez sejam bem piores do que se publica e se admite.

Assistir aos noticiários é dar-se conta da cadeia de desgraças em que parece ter-se transformado a vida do Brasil.

Quando a desgraça perde a graça

Espiamos pela janela da nossa aflição tentando ver como agir: mas estamos indecisos. Tentando sobreviver, tateando para não cair no abismo, indagamos: "O que aconteceu, qual a última

paisagem brasileira | 107

novidade, o que você está achando?" — como crianças perdidas no bosque onde pais cruéis as largaram.

A vontade é fingir que não é tão grave, respirar fundo e olhar para outro lado. É acreditar em autoridades que riem, e que ordenam, ainda, ao pobre povo que continue consumindo, e que apontam dedos levianos para outros lados, outros países, outras gentes. "Não fui eu, foram eles..."

A gente se defende minimizando. Cair na toada do "não tem problema, o Brasil é assim mesmo, logo vamos sair dessa", banalizar questões gravíssimas para que a vida se torne mais suportável, tudo isso pode trazer algum alívio — mas certamente há de piorar a doença que nos devasta.

O perigo é que tudo cansa, como certos sofrimentos ou preocupações: se excessivos, e repetitivos, começam a nos desinteressar. Assim, a amiga eternamente queixosa de seu péssimo casamento, mas que nele continua, a conhecida que só fala de suas doenças, mas não se trata, o colega que repete sempre que vai largar o emprego, mas nele permanece, mesmo insatisfeito, enfim, as pessoas queixosas que aparentemente curtem suas mazelas, mas nos perturbam com suas lamentações, fazem parte de um tormento banalizado pela repetição.

É quando a desgraça perde a graça.

Agora, terremoto, tsunami, susto e medo. Será imperdoável acabarmos nos acostumando. Até o horror em terras distantes vai se tornando cotidiano: milhares e milhares de imigrantes, homens, mulheres, crianças, grávidas e velhos, aportam na costa da Itália diariamente ou são resgatadas no mar; outro dia uma menininha de doze anos explodiu a dinamite presa ao corpo, levando consigo várias pessoas. A longa lista de horrores ainda nos apavora? Estamos mais insensíveis, ou é apenas um receio meu, interpretando mal meus próprios sentimentos, eu sempre atenta, facilmente condoída da dor alheia, demais desde menina perseguida por esse desejo infantil de consertar o mundo — que fazia rir minha mãe e preocupar-se meu pai?

A feia visão do Brasil nestes tempos vai se tornar nossa paisagem costumeira?

"O Brasil é assim, não tem jeito."

Tem jeito, sim: nossa indignação legítima e ordeira pode ajudar pessoas decentes a mudar o Brasil. Por isso escrevo, escrevo e escrevo — com esperança que tremula como lamparina ao vento, que enfraquece mas retorna.

Porque ainda somos uma democracia, eu tenho esperança. Não somos um povo de incapazes, por isso tenho esperança de que todos os crimes e maquinações diversas, batizados de malfeitos, cujo fim e intenção não sabemos, não fiquem impunes.

Porém, agora mesmo, depois de aprovados pelo Congresso alguns itens desejados pelo governo, ministros se reúnem para distribuir cargos e favores prometidos em troca dessas aprovações.

Podemos até prender alguns grandes corruptos e seus cúmplices, mas, a prosseguir nesse jogo de poder mantido a todo custo, continuaremos imorais.

E mais uma vez a minha esperança treme.

●

Mesmo assim, a senhora Esperança, irmã da Confiança, não pode ser expulsa da nossa vida. Preciso dela. Talvez, neste momento, ela seja apenas uma utopia, porém eu a tenho e cultivo. Este nosso esplêndido e tão maltratado país pode se recuperar.

paisagem brasileira

Que seja em paz nas manifestações de rua (e nas pequenas reações em vários pontos onde autoridades públicas não podem aparecer sem ser vaiadas), em paz nas próximas eleições, e nas outras, e nas seguintes: pelo voto estaremos mostrando que não somos um povo fácil de manobrar, mas, pobres e classe média, e mesmo os considerados ricos, estamos tomando consciência de que assim não queremos mais, e que outro horizonte deve ser possível. E se não puder ser uma transformação pelo voto, neste momento em que tudo parece se deteriorar e se esfacelar rapidamente, que seja com ordem, segundo manda a Constituição — que nos faz uma democracia.

Estudiosos, técnicos e especialistas admitem que está tudo confuso, e não se sabe o que virá. Destoam disso uns poucos otimistas de plantão, com seus óculos cor-de-rosa, interessados em encobrir a realidade: precisam agradar quem os colocou e os conserva em seus cargos; precisam que fictícios bons ventos soprem em favor da manutenção de seus benefícios, não importa esta precária nau em que estamos embarcados, nós os que não temos autoridade nem poder nem dinheiro nem facilidade de trocar favores e espalhar bondades.

Eu, que lido com palavras desde sempre, e delas fiz minha profissão, hesitei na escolha do tom destas páginas: mais contundente, mais condescendente? Aqui devia agir a cronista que relata ou a ficcionista que inventa, indiferente ao que ocorre? Decidi ser a cronista que tenta botar num texto mais longo o que observa, e sente, e quer dividir com seu leitor. Minha capacitação é simplesmente ser uma brasileira que ama seu país, e com ele se identifica, lutando com as armas que tem: as palavras. Talvez uma pequena utopia se realize, melhorando as cores, as formas, os caminhos, clareando o horizonte.

Iya luft

Este livro andou por círculos e elipses, porque os assuntos mais graves às vezes caminham assim.

Ele foi um lamento. Um suspiro. Um chamado. Um apelo aos que pensam como eu. Feito os meus romances, também ele não encerra com um final fechado. Parecendo terminar, abre-se para mais indagações e dúvidas — o que pode ser saudável.

Eu o chamei, no começo, uma crônica do espanto.

Como junto de uma pessoa amada que se debate e sofre, eu contemplo, e aqui comento, o que vejo e sinto sobre o meu país, procurando divisar sinais positivos no meio do nevoeiro.

Isso faço com dúvidas, amor e dor.

paisagem brasileira

Este livro foi composto na tipologia Minion
Pro Regular, em corpo 11,5/15, e impresso em
papel off-white 90g/m² no Sistema Cameron da
Divisão Gráfica da Distribuidora Record.